养德经邦

当代书院学人访谈录

杜华伟　著

YANG DE JING BANG

DANG DAI SHU YUAN XUE REN FANG TAN LU

天津社会科学院出版社

图书在版编目（CIP）数据

养德经邦 ：当代书院学人访谈录 / 杜华伟著. -- 天津 ：天津社会科学院出版社，2021.5
ISBN 978-7-5563-0726-5

Ⅰ. ①养… Ⅱ. ①杜… Ⅲ. ①书院－人物－访问记－中国－现代 Ⅳ. ①K825.46

中国版本图书馆CIP数据核字(2021)第070849号

养德经邦 ：当代书院学人访谈录
YANGDE JINGBANG : DANGDAI SHUYUAN XUEREN FANGTANLU

出版发行：天津社会科学院出版社
地　　址：天津市南开区迎水道7号
邮　　编：300191
电话/传真：（022）23360165（总编室）
（022）23075303（发行科）
网　　址：www.tass-tj.org.cn
印　　刷：高教社（天津）印务有限公司

开　　本：787×1092 毫米 1/16
印　　张：15.25
字　　数：215千字
版　　次：2021年5月第1版 2021年5月第1次印刷
定　　价：79.00元

序

/ 韩星

在《养德经邦：当代书院学人访谈录》书稿中，杜华伟老师采访了十多位当今书院研究者、推动者和山长，可以说展示了当代中国书院发展的最新成就，对书院的健康发展具有重要意义和参考价值。现在各地叫书院的各类机构越来越多，形式多样，模式不一，有的以企业家为对象，属于商业模式运营；有的以青少年为对象，属于公益行为；有的以社区为对象，开展文化活动。书院如雨后春笋般发展，当然是好事情，但许多民间书院存在诸多问题。

第一，名不副实。很多机构打着书院的牌子，其实就是招了几个小孩的读经学堂或者私塾，办学条件简陋，规模偏小，没有藏书，没有经师，就是有几个能识字的老师带着孩子诵读经典。

第二，课程设置比较随意。一些机构往往根据自身经验或社会潮流来选择教材，造成了对国学内容把握得不到位，甚至偏颇。

第三，教学方法单一。很多书院的教学方法是单一的背诵，死背硬记，不求理解，似乎又回到传统的死背硬记的老路上去了。

第四，对体制内教育有种极端反感和否定。有的书院排斥现代学校教育的综合性和开放性，按照老师或家长意志实施封闭性的单一教学，使学生在知识结构方面存在先天不足，在生命成长过程中得不到全面、充分教育，导致有些学生出现了性格古怪、人格扭曲、个性狂妄与自卑奇妙结合等诸多弊端。

第五，有的书院以经济利益为第一目标，善于利用官员或学术明星效应，利用各种媒体夸大宣传，吸引眼球，甚至吹嘘，争取招来更多学生，但不重视聘请老师，或者不愿意花钱聘请优秀老师，不注意内部的课程体系、教育内容、教育方法等，导致学生流失严重。这不但给学生家长造成了很大经济负担，而且学生也因得不到系统教育而迷茫、苦闷，出现精神、心理问题。

第六，有的书院或国学院注重硬件建设，不重视师资。楼房盖得很高大，很气派，装饰得富丽堂皇或古色古香，却没有好的老师。人们常说，大学非大楼之谓，大师之谓也。其实书院也是非大院之谓，大师之谓也。要办好书院，我认为首要的是聘好山长、好老师。很多书院或国学院其实可以就近到高校聘请老师讲课。当然，现在确实缺乏好的老师，对于以经学教育为主体的书院，最紧缺的是经师。古人云："经师易得，人师难求。"现在我们连经师都没有了，更缺乏人师——人生的导师，更缺乏传道之师。

我特别提出儒家书院，是想说明书院自产生到兴盛，主体上就是儒家经师和大儒主持的民间私学，当然明清以后也有官办或官助民办的书院。另外，历史上韩国、日本、越南受中国儒学影响，也把儒家书院学去了。而今韩国已经把境内9座儒家书院遗迹提交到联合国教科文组织进行世界遗产评选。2019年7月，韩国朝鲜王朝时代9处主导推广性理学的教育设施，以"韩国新儒家书院"之名入选世界文化遗产。这些书院推动了来自中国的新儒家思想学说在韩国的发展，对韩国的各方面起到了重要作用。他们明确地打出"儒家书院"的牌子，也迫使我们对书院正本清源，明确书院的正态就是儒家书院，其他书院乃书院的异态。那么，传统儒家书院是如何发展的？当今很多书院怎么发展？这些问题很多人已经进行了研究，我的基本看法是：

一、书院最初是藏书、校书之所，所以书院要有书是最基本的。从各类蒙学教材、四书五经，到诸子道佛，以及外国，特别是西方的各类政治、哲学、伦理、宗教书刊都应具备。古代书院的藏书来源主要有御赠、购置、捐赠、刊刻。现代书院自己有经济能力的可以购置一部分最重要的书籍，也可以与出版社联合做文化教育传播活动，得到出版社的捐赠；还有私人捐赠，可以动员很多老先生让他们把藏书捐给书院。再就是自己可以为教学印制一些重要的参考资料，但不能违背国家法律，尊重知识产权，小范围、不盈利。

二、儒家书院首先应有传承或重建儒家道统的意识。道统是儒家乃至中国文化的核心价值体系，儒家的道统，即尧舜文武周公孔孟以来的儒家最高价值和基本理念、理想的传承体系。儒家书院如果失去了这个系统，就可能走错方向，甚至误入歧途。历史上当官学成为利禄之徒的工具，就有对这种现象不满的大儒，于山水之胜处，修建书舍，教授生徒，以正人心，明道学，传道统。中国历史上道统的传承绵绵不绝，很大程度上有赖于中国传统书院。而书院之所以能够具备传承道统的功能，主要是因为办书院的大儒有自觉的道统意识。同样，在当今这个时代，我想儒家书院应该担当这一历史重任，传承儒家学院。

三、儒家书院是传承儒家学统的重要场所。儒家的“学”不仅仅是传授一般的文化知识，进行纯粹的学术研究，也包含了非常广泛深刻的含义，即从一般文化知识到做人处世的道理。儒家之学主体就是经学，是由孔子开创的“为己之学”。“为己之学”特别强调躬行践履，知行合一，意味着儒家将为学的根本指向自我修养。完善自我，成就理想人格，达到理想的人生境界，正是儒家思想的价值取向。书院是通过经学来传承儒家学统和道统的。儒家经典是经典文本和道统、圣贤人格的三位一体，弄通经典文辞，疏通义理，掌握经典的道，领略圣贤气象，希贤希圣，学为圣贤，才是传承儒家书院的根本目的。儒家学统根本上是为了阐扬道统。我们要深契孔子整理六经之意，把经训为常、常道，把经典看成是载道之书，强调经以载道，以经见道，研读、诠释经典是为了求道、明道、得道、行道，通过经典诠释彰显儒家之道，重建道统。这样就形成了道统和学统相辅相成的密切联系。经典的研究是学术方面，形成学统，但更重要的是经典文本背后所表达的宇宙、社会、人生之道。历代儒者通过阐发经典当中的这些宇宙、社会、人生之道形成了道统。历代经学通过学统传承使中华文化的道统在若隐若现中一脉相传，绵延不绝。因此，书院所谓讲学，是讲经，也是讲道；是传经，也是传道。解决儒门淡泊的问题虽然属于学统，但是对于儒家，学统是支持道统的，又须道统的维系，所以“为往圣继绝学”既是继承儒家之学的学统，更是在学统基础上继承儒家之道的道统。而这样的任务我想是需要儒家书院来完成的。

四、儒家书院的教学特色是书院的主持人或讲学者多为当时的著名学者，甚至是某一学派的代表人物。某一书院往往就是某一学派教学和研究的中心或基地。老师自由讲学，学术研究和教学活动相结合，相互促进，相得益彰；注重学生自学，提倡独立研讨，课程也较灵活，允许各人有所侧重，发挥专长。具体教学以自修、读书为主，辅以教师指导，质疑问难。通过著述、学术讨论来建立学派。成绩考核多重平时表现，不仅重视学业，更重视人品修养。书院盛行讲会制度，鼓励不同学派共同讲学、平等论学，提倡百花齐放，学术氛围宽松，使学生打破门户之见而博采众家之长。这样便扩大了教学范围，丰富了教学内容，活跃了学术氛围，提高了教学水平。书院教学开放，来去自由，一个学者可以在几个书院讲学，听者也不限于本院生徒，常有慕名师而远道前来者，书院也热情接待，并提供各种方便。

五、儒家书院尊师重道，师生关系和谐，发挥导师育人功效。古代书院的主讲主要是受聘于书院的名师宿儒，他们学识渊博，品德过人，献身教席，热心育人，尊重、爱护学生，深受学生爱戴。学生慕名而来，能够尊师重道，尊师重教，虚心求教，立志成儒者、成君子、成圣贤。师生之间是以道德人格、学问观点为依归的双向选择，形成尊师爱生的优良传统。

六、当代儒家书院应该是培养当代儒者的教育机构。在传统士大夫消失以后，通过书院教育，培养有一定儒学造诣、树立儒家道德人格，信奉并践行儒家思想理念的儒者，使儒家的人生理念和价值观可以推演并贯彻到社会的各行各业。从业者结合自己的职业从事道德实践和提高生活修养，是十分重要的社会任务。军人就要有“儒将”的风度，医生要有“儒医”的风采，农人即耕农传家的“儒农”……当然，最需要的乃是有儒者风度的“儒工”“儒商”和技术人员，进而形成冠以“儒”字的各类现代人群，如“儒商”“儒官”“儒师”“儒生”“儒医”，等等。

由于时间和视野的原因，一些书院还没有收录到本书中，会在以后进一步补充。热切期待！是为序。

2021年1月9日于北京房山区良乡陋室

目录

01

传承优秀传统文化，当代书院责无旁贷

——访厦门筼筜书院创院理事长、院长王维生

书院是中国古代一种独特的教育组织，千百年来曾在知识传授、文化传播、人格培养和社会教化方面发挥过极其重要的作用。伴随着传统文化的不断复兴和人们对现代教育的深刻反思，近些年，当代书院纷纷在全国各地创立，厦门筼筜书院便是其中一员。

“筼筜”是竹子的雅称，书院乃君子的梦想，成立于2009年的厦门筼筜书院，坚持“旧学商量、新知培养”的教育理念，长期致力于儿童与成人的传统文化教育。这座“无中生有”的美丽书院，创造了当代书院的“厦门模式”。去年（编者按：2017年）9月，“金砖国家”领导人厦门会晤期间，习近平主席在筼筜书院接见了俄罗斯总统普京，并举行了中俄双边会晤，使筼筜书院名扬世界。笔者于2018年7月实地调研筼筜书院并访谈王维生院长。在谈到当代书院的价值时，王维生先生用了一句话来概括：“传承优秀传统文化，当代书院责无旁贷。”

▪ 2018年，杜华伟女士采访王维生院长

杜华伟（以下简称杜）：王院长，您好，首先感谢您接受访谈！我之前做古代书院研究，近年开始深入研究当代书院，希望对当代书院的定位、功能、类型、机制以及当代书院对古代书院精神的传承等问题进行全面系统研究。您作为当代书院的创办者与实践者，在这方

面肯定有自己的深刻体会与独到见解。所以，今天想请您谈谈当代书院发展与传统文化教育问题。

王维生（以下简称王）：谢谢杜老师的访谈，希望我们的积极探讨，能够给书院同仁以启发和帮助，能够进一步推动当代书院理论研究与实践发展。

杜：教育部于2014年3月制定并发布的《完善中华优秀传统文化教育指导纲要》中指出，加强中华优秀传统文化教育，要坚持学校教育、家庭教育和社会教育相结合。2017年1月，两办（中共中央办公厅、国务院办公厅）联合印发的《关于实施中华优秀传统文化传承发展工程的意见》中也明确指出：要把中华优秀传统文化贯穿于启蒙教育、基础教育、职业教育、高等教育和继续教育各个领域。当代书院作为社会教育和继续教育的重要机构，在此过程中承担着重要职责。那么，筼筜书院作为“当代四大书院”之一，在传统文化教育方面主要有哪些活动？

王：筼筜书院于2005年开始筹建、2009年正式落成开院，采取“政府支持、企业投资、公益经营”的运行模式。书院坚持“旧学商量、新知培养”的办院理念。书院长期开设“青少年国学经典启蒙”“成人国学经典讲习”等公益课程，同时举办“名家讲座”“竹林读书会”“筼筜分享会”和图片展览等多种国学普及活动。除了针对青少年与成人的国学普及教育之外，书院还与周边高校、政府及对外机构合作开设针对专门人员的国学研修班，例如以企业家和公务人员为主要对象的“新儒士课堂”。我们充分利用多种优势资源，订制国学学习内容，既秉承传统文化基本内容，又使课程更系统化、专业化的同时具有创新性。当然，除了国学教育，筼筜书院同样重视国艺教习，每学期都会开设大量的古琴、书法、武术、插花等艺术类课程，并且很多课程都是亲子共学的。学员们在获得传统文化知识的同时，能进一步提升艺术素养与生活品位，同时也使亲子关系更加融洽。

杜：近年来，当代书院在全国各地纷纷创立，有的主要进行成人国学普及，有的主要进行青少年才艺培训，还有一些全日制民办书院，为三至十五六岁甚至年龄更大的孩子提供系统的国学教育。那么，您认为当代书院的使命应该是什么？

王：古代书院多为君子所建，是士人求学论道、游学修身之场所。当代书院亦为君子之所为，它是在传统文化复兴的大背景下，为了适应现代人的文化需求，作为体制教育的补充而产生的。它继承了古代书院“传道济民”的教育宗旨和有教无类、学派会讲、自由辩论、知行合一的教育方法，为现代人提供学习国学、提升自我的平台。书院的使命就是弘扬与发展中华优秀传统文化，核心应该是“培养现代公民”，也就是要培养“现代君子”。“君子”是中国人道德的化身和理想人格的象征，“君子”一词在《论语》中共出现107次之多，是儒家最为推崇的人格理想，在中华民族文化中占有重要地位。当代书院应该发扬传统书院“成人教育”的优良传统，以适合当代人需求的方式开展传统文化教育，着重培养拥有正直善良、温润儒雅、博学守道品格的现代君子。

杜：当代书院开展的活动丰富多样，既有经典研习、传统节日庆典，也有当地民俗活动、游学体验等，但经典教育始终是其中最重要、占比最大的部分。那么，您认为当代书院为什么一定要重视经典教育？

王：首先，儒家历来重视通过教育来关注个体发展，重视个体的精神人格，主张培养个体的美好品德，使人成为真正的人和完全的人，即成为仁、智统一的君子。书院是儒家的道场，当然要重视经典教育。其次，现代教育的不足要求我们必须重视经典教育。现代教育更多提供的是知识和技能，而经典中蕴含着我们民族的思想和智慧，教人懂得如何安身立命、如何成己成人。传统文化中有许多关于为人处事的智慧，让我们知道应该怎么做，以及人生的格局应该在哪里，我想这一点对于人们养成良好的行为习惯、提高人生格局非常有帮助。

在青少年经典教育方面，篔筜书院以孩子的身心发展规律为依据，参照传统的经典学习次第，将国学教育分为蒙学、四书和概论三大阶次十个阶段。学生从幼儿园中班至小学五年级，连续用七年时间修完全部主干课程（见附表）。通过书院了解与家长反馈，接受过书院系统经典教育的孩子在生活学习、待人接物、应对挫折方面都有很大改变。

同时，参与书院经典学习的成年人在工作习惯、人际关系、生活规划方面也都有不小的收获。当代书院开展的活动可以丰富多彩、各不相同，但经典教育始终应该是必不可少的重要部分。

附：青少年国学教育十阶主干课程

阶次		主干课程	课时	适读年龄	参考年级
蒙学	一阶	弟子规	一学期	4～6岁	幼儿园中班
	二阶	三字经	一学期	4～6岁	幼儿园中班
	三阶	千字文	一学期	5～6岁	幼儿园大班
	四阶	笠翁对韵	二学期	5～7岁	幼儿园大班
四书	五阶	论语	二学期	7～10岁	小学一、二年级
	六阶	大学	一学期	8～10岁	小学二、三年级
	七阶	中庸	一学期	8～10岁	小学二、三年级
	八阶	孟子	二学期	9～12岁	小学三、四年级
概论	九阶	诗经及五经概论	二学期	10～13岁	小学四、五年级
	十阶	尔雅及诸子概论	二学期	12～15岁	小学五年级至初二

自 2015 年起，书院还承办多期海外华裔青少年“中国寻根之旅”活动，为来自世界各地的华裔青少年提供书法、中国画、茶道、古琴以及经典诵读等丰富多彩的中华文化课程，让营员们从筼筜书院开始领略厦门的秀美风光，感受中华文化的博大精深，更加自觉地学习和传播中华优秀传统文化。

杜：当代书院数量众多，办学模式各异，每座书院都有自己的特色。作为创造了当代书院“厦门模式”的筼筜书院，它的主要特色是什么呢？

王：可以说，筼筜书院在办学理念、办学机制和对台交流等方面都有它的独到之处。首先，我们明确书院的教育功能是作为现代学校教育的有效补充，而不是完全代替学校教育，定位准确。第二，筼筜书院以“旧学商量，新知培养”为教育宗旨，理念清晰。“旧学商量”可以说是一种对传统教育借鉴、吸收的方式和态度；“新知培养”则是结合当下以滋养生命为主旨和目的，我们始终主张对传统文化要进行现代性转化而不是盲目复古。第三，筼筜书院创办的“海峡两岸国学论坛”，凸显了地缘优势！自创院以来，每年秋季上百位来自海峡两岸的学者在这里讲学论道、切磋学问，明显地带动了两岸传统文化交流与书院研究发展，于海峡两岸学界影响巨大。第四，书院不但重视实践，同样重视学术研究。除了大家定期参加书院类、国学类学术论坛，与专家学者共同切磋论道之外，2017 年书院还与《吉林师范大学学报》合作推出“海峡两岸国学论坛”专栏，既方便形成关于海峡两岸国学教育的专门研究，又有利于进一步对外宣传推广书院品牌。

同时，自 2010 年 3 月《筼筜书院》创刊以来，坚持每年两期刊物，分为“院志”“治学”“论道”“游艺”“启行”和“大事记”等六个栏目。通过院刊，读者可以完整清晰地了解书院的过去与现在，了解当代书院教育的发展脉络。书院还参与完成了“闽南书院文化传承与产业化研究”“厦门筼筜书院国学教育模式的研究和推广”等多项课题。2017 年正式出版的中国当代书院丛书系列之一《筼筜书院》，总共有五章内容，分别为：筼筜院志——猗猗筼筜，在水一方；筼筜规制——旧学商量，新知培养；筼筜治学——嘉乐君子，于彼朝阳；筼筜论道——亹亹多士，两岸云集；筼筜艺文——弦歌雅集，菁莪美育。该书对筼筜书院的发展之路做了阶段性总结，为书院的研究者与建设者提供了可供借鉴的重要资料。最后，现代“学田制”也是筼筜书院的一大特色。我们在书院周边配套了茶文化馆、华祥苑儒士馆、随安古美术馆等相应的文化产业设施，一方面从业态上呼应了书院弘扬传统文化的主题，另一方面，通过这些“学田”经营，也为书院提供经费保障，从而使书院所有的文化教育活动都能做到公益运行。

杜：听说美丽的筼筜书院有“三绝”，能否请您具体介绍一下？

王：筼筜书院是一座年轻的书院，也是一座美丽的书院。到过书

▪ 2017 年，杜华伟女士在筼筜书院参加“第九届海峡两岸国学论坛”活动

院的不少专家评价筼筜书院有“三绝”：一绝为规划设计，书院地处城市中心，但闹中取静，草长莺飞，是一片“天人合一的净土”，在这里人们尽可以放松身心、充分享受大自然的美妙；二绝为建筑形态，书院将闽南建筑风格与现代建筑材料相结合，很好地完成了新闽南建筑的美学思考；三绝为功能作用，书院出于苍溟“无中生有”，成为专家学者谈古论今的精神家园和市民学习优秀传统文化的社会课堂。

杜：筼筜书院每年一度的“海峡两岸国学论坛”是书院人的盛会，很荣幸我也连续几届参加。请问十年来论坛的主题设定有什么样的变化？

王：筼筜书院从建院之初就以“充分发挥厦门地缘优势，促进海峡两岸传统文化交流”为办院特色与目标，每年秋季定期举办“海峡两岸国学论坛”。该论坛是筼筜书院、厦门大学和台湾“中研院”联合举办的高端学术论坛，是国台办特批的两岸重点文化交流项目，也是一个面向普通市民的国学教育平台。

我们的论坛始终围绕“国学”这一重要主题展开，当然每年的会议主题会略有变化。2009 年首届论坛的主题是“如何推动国学经典的经世致用”，2010 年第二届论坛的主题是“朱子理学与当代社会”，2011 年第三届论坛的主题是“《诗经》研究——学术 • 生活 • 展望”，2012 年第四届论坛的主题是“道家研究：学术 • 信仰 • 生活”，2013 年第五届论坛的主题是“《周易》：经典 • 释读 • 传承”，2014 年第六届论坛的主题是“经典传承与文化发展——儒家经典的核心价值与当代文化建设”，2015 年第七届论坛的主题是“中国传统文化的当代意义”，2016 年第八届论坛的主题是“中国文化的‘会通’精神”，2017 年第九届论坛的主题是“积力能久——中国传统文化传承发展的深化”，今年（编者按：2018 年）第十届论坛的主题是“新时代国学的传承与创新”。

杜：筼筜书院已经走过了十个年头，今年秋天也将要举办“第十届海峡两岸国学论坛”，相信大家都很期待这场国学盛宴与学术聚会。请问王院长，筼筜书院在未来发展上会有什么新的打算？

王：筼筜书院走过的这十年里，既有艰辛与困惑，也有收获与喜悦；

既有成绩与经验，也有需要完善的地方。关于未来发展，我觉得筼筜书院作为中国当代书院的一个典范，从宏观层面来讲，当代书院的三大使命，即学术使命、教育使命和思想使命，筼筜书院都应当继续坚持，不断推进。在微观方面，除了原有的一些功能模块之外，我想筼筜书院未来发展的重点主要会集中在以下几个方面：首先，注重师资培养，这是当代书院发展的重要因素。要充分发挥已经建立的“中国书院学会当代书院研究中心”的作用，积极进行课题研究、学习培训，不断提升书院教师的理论水平。其次，进一步探索当代书院发展机制，充分利用政府、企业、高校、志愿者与书院的资源，使所有资源在推动国学教育方面形成合力。再次，加强与其他书院之间的交流。当代书院是一个新生事物，大家都在摸索前行，不同书院各有自己的特色与成功之处，多多交流借鉴是促进筼筜书院不断发展的有效途径之一。最后，筼筜书院坐落在美丽的白鹭洲公园，拥有得天独厚的自然环境，应该努力将筼筜美景与国学教育相结合，使游客在欣赏厦门美丽风光的同时，也能接受传统文化教育的熏陶，进一步提升厦门的旅游品位。我也希望通过筼筜书院和“筼筜经验”的辐射，使厦门市的社区书院发展得更好，成为覆盖街道社区的文化阵地，成为凝聚市民思想认同的教育基地，成为厦门市精神文明建设的主要力量。

杜：谢谢王院长接受访谈，期待筼筜书院这座“无中生有、厦门模式”的当代书院能够在下一个十年取得更好的成绩，更有效地服务于社会！

王：谢谢杜老师！其实，站在书院发展的第十个年头，我有很多欣慰与感动，也有很多体悟与思考。感谢十年来支持帮助我们达成梦想的所有人，感谢书院的运营团队以及所有参与书院事业的同仁们。“传承优秀传统文化，当代书院责无旁贷”，筼筜书院继续在路上。

结 语

“让经典生活化，让生活经典化”是王维生院长对于当代书院的定位与期待，也是筼筜书院的真实写照。小小一座筼筜书院，在推动

▪ 2018 年，“第十届海峡两岸国学论坛”期间杜华伟女士与王维生院长合影

传统文化的传承上，有着巨大的作用力：上可以作为国家外交名片，下可以成为市民精神家园！青少年在这里接受传统文化的洗礼，不仅为将来传承传统文化打下了扎实的基础，也有助于他们从小树立正确的道德观念；普通市民在这里学习传统文化，有助于城市品格、城市文化、城市精神的塑造。与此同时，筼筜书院在两岸文化交流上先行先试，有利于增强两岸的文化认同感，推动两岸共同传承中华优秀传统文化。

2018 年 7 月 19 日访谈记录

2018 年 9 月 3 日整理完稿

2018 年 9 月 4 日首发于“墨香学术”公众号

访谈者杜华伟，哲学博士，兰州交通大学副教授，硕士生导师，中国书院学会理事，安溪凤山书院文化建设学术顾问，《中华优秀传统文化研究》编委，研究领域为书院文化与思想。

受访者王维生，福建南安人，厦门筼筜书院创院理事长、院长，厦门朱子书院创院院长，中国书院学会副会长，中国书院学会“当代书院研究中心”主任，“海峡两岸国学论坛”发起人和主办人，福建师范大学客座教授，厦门理工学院客座教授，厦门市政协特邀研究员，主要从事企业管理和当代书院运营与研究。

▪ 2018 年，杜华伟女士参加“第十届海峡两岸国学论坛”

【一点题外话】

我与王维生先生初识于2016年11月的篔筜书院“第八届海峡两岸国学论坛”，第一次到书院便被它的精致环境吸引。尤其是以国学为主题的精品酒店——篔筜书院学术交流中心，装修格调古朴典雅，所有房间均以中国古代书院命名，并有关于该书院发展历史的专门介绍，真可谓是一间海峡两岸书院的精品展览馆。当时忍不住把自己所住房间及相邻几个房间的门牌全都拍下来了。

2017年我再次参加了海峡两岸国学论坛，这次提交大会交流的论文是以篔筜书院为研究对象的：《论当代书院在传统文化教育中的作用——以厦门篔筜书院为例》。想来我应该是第一个专门研究篔筜书院的“外人”吧。其实，我后来参与敦和基金会与北京21世纪教育研究院合作发起的《中国传统文化教育发展报告2018》项目，缘分还是来自本次海峡两岸国学论坛呢。当我在分论坛上发表完关于篔筜书院的演讲后，项目负责人王萌和宝丽格找到我，说她们正在组织关于传统文化教育的研究项目，需要有人承担书院部分文稿撰写的工作，希望我能够参与其中。这对我来说当然是不可多得的学习与成长机会，于是便当场答应了下来。

再后来，有幸最早阅读到还未正式出版的《篔筜书院》，让我对篔筜书院多年来的发展历程有了更加全面的了解，也更加喜欢这座年轻而美丽的书院。

对王维生先生的访谈是《中国传统文化教育发展报告2018》项目的一部分，是在2018年7月完成的。当时正值暑假，我专门赴厦门进行篔筜书院与厦门社区书院的调研，同时带女儿进行暑期旅行。我访谈王维生院长的两小时内，女儿在篔筜书院上了一堂免费插花课，受到了老师的表扬并添加了老师微信，后来还时不时会给我分享老师朋友圈的花艺课程与学员作品。其实，从2016年11月参加海峡两岸国学论坛以来，这已经是我第三次到篔筜书院了，依然很喜欢这里的环境与氛围。访谈完第二天一大早，我又带女儿在篔筜湖畔走了一大圈，晚上还特意去看了白鹭洲音乐喷泉和音乐秀。

访谈文稿首次发表于2018年9月4日的“墨香学术”公众号，这是我正式发表的第一篇专访。感谢杨旭东老师刊发此文。这篇文章的发表，让我有了继续把书院人访谈做下去，而且要形成系列并结集出版的想法。后来，在12月份访谈天津问津书院院长王振良先生后，受他的影响，我开始在每篇访谈稿后补注访谈记录时间与整理完稿时间，并写下这短短的、流水账似的“一点题外话”，为自己和读者还原当时的实际工作情况，也记录下工作中的一些美好和感动。

写于2019年1月26日

▪ 2018年，杜华伟女士调研筼筜书院

02

弘扬传统文化，尼山书院在行动

——访山东省图书馆副馆长、尼山书院秘书长李西宁

书院是中国教育史上的一枝奇葩，千百年来在文化传承、知识传播、学术交流与人才培育方面发挥着无可替代的作用。图书馆具有收藏典籍、传播信息、服务市民和教化社会的基本功能，对弘扬传统文化负有不可推卸的责任，同时也有着得天独厚的优势。2014 年 5 月以来，山东省创新推进“图书馆 + 书院”模式，将现代图书馆与古代书院有机结合，在省、市、县公共图书馆建设尼山书院，依托山东省的传统文化资源优势，充分发挥图书馆和书院讲学论道、传播文明、教化社会、弘扬传统文化的职能。这既是山东省贯彻落实中央关于传承中华优秀传统文化精神的重要举措，也是现代公共图书馆开展优秀传统文化创造性转化、创新性发展的重要实践。笔者于 2018 年 5 月实地调研山东省图书馆尼山书院，并访谈图书馆副馆长、尼山书院秘书长李西宁先生。在谈到尼山书院的现在与未来时，李馆长自信而果断地说：“弘扬传统文化，尼山书院在行动。”

杜华伟（以下简称杜）：李馆长您好，首先感谢您接受访谈！我的研究方向是中国书院文化与思想，近几年主要关注当代书院的发展，希望对当代书院的定位、功能、类型和机制等问题进行全面系统的研究。山东省“图书馆 + 书院”是当代书院建设的一种新模式，您作为项目负责人，在推动此项活动的过程中，一定有着深度思考与独特见解。所以，今天想请您谈谈尼山书院在弘扬传统文化方面的经验与感想，以期能为更多图书馆创新服务模式、提升服务水平有所启发与借鉴。

李西宁（以下简称李）：谢谢杜老师的访谈，山东省尼山书院自 2014 年创办以来，在盘活图书馆资源、对接读者文化需求、充分发挥服务社会功能方面先行先试，积累了一定的工作经验。我希望借这个机会分享出来，能对图书馆界和书院界的同仁有所帮助，也希望大家多提宝贵意见和建议，便于我们不断改进和提升。

杜：请问山东省“图书馆 + 书院”模式是在怎样的背景下提出来的？当初的发展定位是什么？

李：2013 年 11 月 26 日，习近平总书记在视察孔子研究院时发表重要讲话，强调要加强孔子及儒家思想的研究与传播，充分发掘和利

▪ 2018 年，杜华伟女士采访李西宁馆长后合影

用齐鲁文化资源，培育社会主义核心价值观，为改革发展稳定提供强大的精神力量。在这样的大背景下，由全国人大常委会原副委员长许嘉璐先生提议，山东省文化厅研究确定，于2014年推行“图书馆+书院”模式，建立全国唯一的“政府主导、图书馆承办、社会参与”的书院体系，将现代图书馆和传统书院有机结合，传承古代书院的文化精神，深化图书馆的公共服务功能，弘扬齐鲁地区优秀儒家文化，让古老书院在现代图书馆中焕发青春，彰显时代魅力，服务人民大众。

杜：2017年1月，两办联合印发的《关于实施中华优秀传统文化传承发展工程的意见》中明确指出：要充分发挥图书馆、文化馆、博物馆、群艺馆、美术馆等公共文化机构在传承发展中华优秀传统文化中的作用。那么，山东省图书馆系统的尼山书院在传统文化教育方面主要有哪些活动？

李：“图书馆+书院”模式于2014年5月正式启动，由山东省图书馆名誉馆长许嘉璐先生担任尼山书院山长。经过四年多的努力，尼山书院目前已经成为国内体系完整、内容丰富、形式活泼的重要传统文化传播机构。各书院根据实际情况，因地制宜地开展了丰富多彩的实践探索，主要有以下八种活动。

第一，礼乐教化。各地书院在春节、中秋节等传统节日，开展丰富的礼乐文化活动，如淄博开展的“诵经典、忆屈原”国学活动扮靓端午节，潍坊举办的“穿汉服、学茶礼”体验活动也深受市民喜爱。山东省尼山书院举行的开笔礼、成人礼和射礼体验等，每年吸引参与者达2000余人次。这些传统礼乐文化活动赋予礼仪和节日以时代核心精神和主题，对于建设礼仪中国、和谐社会非常重要。

第二，经典传习。中国传统经典中蕴含着深厚的为人之道与为学之理，是中华民族的智慧结晶和精神财富，尼山书院长期进行系统化的经典阅读与研讨活动。比如今年（编者注：2018年）每周六下午两点半进行的王阳明《传习录》系列讲读课，共64讲，目前已进行到第50讲，每次都有很多市民前来听讲，积极参与讨论互动，更有读者50讲从未缺席过。

第三，国学新知。山东省尼山书院邀请名家举办系列国学讲座 300 余场，如孔子公开课、阳明学公开课系列等，现场听众人数累计达 3 万余人次，省内观看直播总人数达 51 万人。另外，临沂举办的《〈易经〉概论》讲座，烟台以及临清举办的国学经典公益讲座，甚至出现一座难求的现象。

第四，情操培养。山东省尼山书院成立了尼山书院国乐团、尼山书院吟诵社、尼山琴社，并举办艺术院团体验日、新六艺体验日等各类体验活动 500 余场，参与人数达 3 万余人。另外，在威海和莱芜开展的葫芦烙画、民俗剪纸体验，菏泽开展的陶艺展示等传统艺术活动，培养了市民高雅的艺术和生活情趣，使大家的日常生活越来越有“文化味”。

第五，新技术体验。各地开通了书院网站、微信公众号，推出了客户端和资源触摸屏服务端，日照的“互联网 + 尼山书院国学微课堂”使群众在任何地方、任何时间都能够享受传统文化服务。山东省尼山书院建设的国内首家国学数字文化体验馆，通过声光电、VR（虚拟现实）、3D 打印等新技术，赋予传统文化新的时代性和现代表达形式，让任何年龄、任何职业的人都可以找到适合自己兴趣与层次的活动，使大家不再对高大上的传统文化“望而却步”或“敬而远之”。

第六，道德实践。各地开办经典诵读班、经典讲读班，面向少年儿童开展国学教育，进一步丰富了国学教育的形式和内容。全省举办的公益夏(冬)令营，年参加学生达 5 万人；济宁开展的诵读《大学》活动引导孩子明事理、懂孝道；枣庄、泰安、滨州等地的进社区讲国学活动，也收到了良好的社会效果。

第七，学术研究。当代书院既要有接地气的普及活动，也应该有高层次的专业研究。尼山书院通过“大师引进工程”等相关人才计划，吸收了一批专家教授、退休干部和教师加入到尼山书院的队伍中来。而且书院积极与省内高校、科研院所合作申报项目，开展专业学术研究，为提升服务质量奠定理论基础。

第八，社会教育。图书馆作为公共文化机构，本身就具有收藏图书、传播信息、服务社会、教化人心的功能。通过与传统书院的结合，

▪ 2018 年，杜华伟女士调研尼山书院

图书馆以更加多样化、生活化的方式与内容为市民提供精神食粮，发挥其社会教育功能，进一步与学校教育、家庭教育形成合力，助力现代公民社会建设。

杜：近年来，随着人们对现代教育的反思和对传统文化需求的增加，当代书院在全国各地纷纷创立，每一所书院都有自己的特色与个性。那么，您认为“图书馆 + 书院”模式的独特之处在哪里？

李：图书馆本来就是收藏典籍、提供阅读、服务社会的文化机构，书院则是中国古代重要的教育机构，讲学、藏书和祭祀是它的重要功能。“图书馆 + 书院”模式的独特之处就在于，将古代书院和现代图书馆有机结合，使它既有传统书院的“味道”，又有现代图书馆的形式，通过接地气的国学普及活动、趣味化的群众参与，以及系列化的学术讲座来传承传统文化精神，普及传统文化知识，充实民众文化生活，激发民众文化自觉。

我们非常注重老百姓的实际需求，正如许嘉璐先生在尼山书院山长聘任仪式上所说：“（讲传统文化）和我们制作各种生活用品一样，真正有发言权的是顾客。尼山书院怎么办，开展哪些活动，请导师讲什么，应该是受众说了算。”山东省推行“图书馆 + 书院”模式，在全省各级图书馆设立尼山书院，这是让传统文化深入民间的重要渠道，也是传统文化民间化的重要手段，由此使传统文化真正走入了寻常百姓家。

杜：山东省“图书馆 + 书院”模式已经取得相当成绩，您认为其成功的主要因素有哪些？

李：山东省推行“图书馆 + 书院”模式四年以来，无论在文化传播、学术研究，还是社会教化方面都取得了不错的成绩，我认为其成功主要取决于以下几个要素：

第一，做好顶层设计。山东省委、省政府将创新推进“图书馆 + 书院”模式纳入《齐鲁优秀传统文化传承创新工程重点项目》和《山东省“十三五”时期文化改革发展规划纲要》，在组织领导、政策措施、运行机制和宣传推介等方面给予了大力支持，并且制定印发了《社

▪2014 年 11 月 26 日，尼山书院会讲日活动

会力量兴办“尼山书院”认定管理办法（试行）》，这为调动社会力量参与尼山书院建设提供了制度保障。

第二，推进标准化建设。山东省文化厅组织制订了各级图书馆建设尼山书院的“六个一”和“五大板块”标准。“六个一”是指在设施布局上实现一个统一标牌，一尊孔子像，一个国学讲堂，一个道德展室或展板，一个国学经典阅览室或阅览区，一个文化体验室或活动区的要求。“五大板块”是指在活动内容上实现经典诵读、国学普及、礼乐教化、道德实践和情趣培养的有机统一。

第三，建立保障机制。将“图书馆＋书院”建设纳入政府购买公共文化服务范围，并作为“社会文化先进市（县）”“创建公共文化服务体系示范区”评选和公共图书馆评估等的重要考核内容，这就为开展传统文化教育提供了基本的制度保障。

第四，整合社会力量。实施大师引进工程，聘请许嘉璐先生担任山东省图书馆名誉馆长、尼山书院山长，成立尼山书院理事会。并且与山东省高校、文艺团队、“非遗”传承人等合作，积极培养优秀稳定的志愿者队伍，使多种力量共同发挥作用。

第五，创新活动模式。充分利用现代新媒体技术进行传统文化呈现展示与推广体验，着力推动城乡联动发展，组织尼山书院教师、志愿者深入农村（社区），依托乡镇综合文化站和农村文化大院开办儒学讲堂。

▪2015 年 4 月 10 日，许嘉璐山长在徐向红厅长、李西宁副馆长陪同下视察尼山书院工作

杜：在过去的四年时间里山东省尼山书院，在传承发展传统文化方面取得了相当的成绩。现全省已经建立尼山书院 153 个，在喀什援建尼山书院 3 个，而且在海外也建有“尼山书屋”。那么请问李馆长，尼山书院在未来发展上会有什么新的打算？

李：尼山书院在总结四年来发展经验的基础上，未来会从以下几个方面提升服务水平。

一是建设尼山书院联盟，进一步完善运行和服务机制。成立尼山书院联盟，在队伍、活动、资源等方面统筹配置，建立完善的服务、活动、管理等方面的标准体系。加强对尼山书院活动的规划指导，丰富和规范授课活动内容，吸引社会力量参与，推动书院进社区、进学校、进企业，形成山东孔子故乡独有的儒家文化传承教化的特色与优势。

二是创新服务内容和方式，大力提升尼山书院的技术创新和服务能力。增强书院活动内容的趣味性、互动性和时代性，注重书院课程系统性设计，使书院的文化传承形式更加生动活泼，活动内容更加丰富系统，也更具有吸引力和感召力。

三是提升学术研究水平，打造一支高水平的文化服务学术研究队伍。充分发挥尼山书院的学术阵地作用，完成《齐鲁儒学珍本文献丛刊》编辑工作，加强齐鲁文献资源的挖掘整理与出版，让更多的齐鲁文献走出书库，走出图书馆，服务社会。收集各地市尼山书院及乡村（社区）儒学讲堂案例讲稿，汇编成册，强化宣传推广，让身边的故事走近群众、感化群众、影响群众。加强交流合作，在国内外通过互派人员、项目合作等形式，互相借鉴、共同发展，加大齐鲁优秀传统文化向国内外的传播力度。

四是加强保障措施，更加注重人才培养，促进书院健康有序发展。强化机制保障，整合资源，形成合力。完善并落实服务需求反馈、绩效考核、表彰鼓励和监督管理机制，进一步推动尼山书院健康繁荣发展。加大人才培养力度，继续举办全省尼山书院骨干及师资培训班，力争在数量、素质和能力等方面有较大提升。

五是扩大对外合作交流，提升中华优秀传统文化的国际影响力。未来我们需要顺应国际社会“孔子热”的需求，着眼于尼山书院在全球范围内的展示，以建立国外“尼山书屋”为契机，加大对外文化交流的力度。通过互派人员等方式，与国外同行互相学习，互相借鉴，进一步扩大中华优秀传统文化的国际影响力。

杜：谢谢李馆长接受访谈，希望山东省的“图书馆＋书院”模式

▪2020年9月19日董子公开课第六讲《董仲舒的人性论》，李西宁馆长与李存山先生（中国社会科学院哲学所研究员）合影

能够不断完善，在教化民众、服务社会和推动传统文化教育方面发挥更大作用，也为更多公共图书馆和民间书院的发展提供经验与借鉴。

李：谢谢杜老师，也希望您的书院研究能够取得更大成就，我们从理论和实践方面共同推动当代书院教育的发展，推动中华优秀传统文化的进一步传播与发展。

结 语

访谈结束时，李西宁先生感言：尼山书院这种亲切活泼、接地气的方式，真正盘活了图书馆已有的资源，使“躺”在图书馆里的古籍文献“活”了起来。通过四年多活动的开展，逐渐改变了大众“传统文化是老土的、过时的东西”这一观念。通过持续学习，广大群众领悟到了传统文化的魅力与活力，领略到了传统经典的生命力与创造力。大家现在会觉得“传统文化是时髦的、时尚的东西”，觉得穿传统汉服、读经典名著是很有意思、有价值的事情。

“弘扬传统文化，尼山书院在行动”，希望山东省尼山书院能够一如既往地努力，未来取得更好的成绩；也希望更多的图书馆能转变思路、提升服务意识与创新意识，充分发挥它作为公共文化机构在推动传统文化教育方面的职能。

补 充

2018 年 9 月 15 日，中国首部儒学现实题材故事片《乡村儒学》山东首映式在山东省图书馆奎虚书藏楼举行，山东省图书馆李西宁副馆长主持了首映礼。山东省文化厅副厅长李国琳、公共文化处处长冯庆东及来自中宣部、国际儒学联合会、山东省图书馆、山东省电影公司、山东鲁商集团、山东大学、济南府学文庙等单位的领导嘉宾、出品创作方代表及新闻媒体记者参加了首映活动。

电影在创作上以儒学进村为主线，以乡村儒学推广普及的现状及碰到的问题为题材，经过艺术创作，通过电影传播的方式，力图将以儒学为主体的中华优秀传统文化普及到乡村街道、城市社区、机关学校。

故事以2013年中国社科院、山东尼山圣源书院的一批专家学者在山东泗水县北东野村开始“乡村儒学”教化试点，扎根乡村，重建乡土文明，经过几年时间逐步扩展到七个省，几十个县为素材，以电影艺术的方式升华完成该片的艺术创作。

2018年5月28日访谈记录

2018年9月16日整理完稿

2018年9月17日首发于“书院研究”公众号

访谈者杜华伟，哲学博士，兰州交通大学副教授，硕士生导师，中国书院学会理事，安溪凤山书院文化建设学术顾问，《中华优秀传统文化研究》编委，研究领域为书院文化与思想。

受访者李西宁，山东省图书馆副馆长，山东省尼山书院秘书长，《山东图书馆学刊》主编，研究馆员。兼任中国图书馆学会理事，中国图书馆学会阅读文化研究专业委员会主任。

【一点题外话】

参观山东省图书馆、访谈李西宁先生是在2018年5月完成的，这是我所做的第一位书院人访谈。当时，还没有进行系列访谈并出版著作的想法，只是为了对不同类型书院有更多了解，以顺利完成敦和基金会和北京21世纪教育研究院联合推出的《中国传统文化教育发展报告2018》课题中“当代书院传统文化教育”的写作任务。

其实，在此之前，我并不了解“图书馆+书院”的模式。在项目讨论会上，国家图书馆的向辉先生说，山东省图书馆系统的“图书馆+书院”模式非常独特，而且成效也不错，建议我前去调研，并热情地帮我联系李西宁先生，之后我自己又打电话再次确定访谈事宜。

这次参观与访谈还经历了一点小小的波折。我事先在网上查到山东省图书馆的位置在大明湖附近，所以特意将住宿订在离此不远的地方。由于与李馆长约定在下午三点见面，早上我便去大明湖转了一圈，

▪ 2018 年，杜华伟女士调研山东省图书馆

还特意到图书馆片区走走，想着熟悉一下环境，下午容易找到。转到遐园时已快到中午下班时分，刚好有位女士从园内出来，我请她帮我拍照，并向她打听馆长办公室的位置。看到她有点疑惑，我随即向她说明和李馆长约了访谈。她问我是在旧馆还是新馆，这下可真把我给问住了，因为馆长压根没提这事，当然我自己也没问。经她提示，我马上发信息问李馆长在哪里见面，他说他的办公室在新馆。

于是我再次上网查旧馆和新馆之间的距离，还好不是特别远。我于下午两点五十分到达办公室时，李馆长刚刚开完一个部门会议，正在为我打印相关资料。他笑说手上有油墨，就不跟我握手了。说实话，我当时真的非常感动，之前只与李馆长有过一次电话沟通和几次微信交流，而且还感觉他有点古板和拿架子（后来证明这个感觉是错觉），没想到他会暂时放下手头工作接受访谈，并且如此真诚地将一些重要资料分享于我。

三点钟访谈开始，一直持续到六点钟。整整三个小时，中间除了接听一个工作电话，答复一位来办公室问询的同事，其他时间李西宁先生一直在讲尼山书院的点点滴滴，真正可以用“如数家珍”来形容。三个小时的访谈结束后，他抱歉地说因为还有其他工作，无法请我用晚餐。其实，三个小时毫无保留的讲解与讲述，已经让我非常佩服加感激了。

当2018年9月4日王维生先生的访谈文稿正式发表后，我才有了继续进行系列访谈的想法。于是，我翻出李西宁先生访谈的记录稿，认真整理后发布于自己创办的公众号“书院研究”。此后，虽与李先生的联系不多，但“尼山书院”的公众号我一直在关注，书院的一些活动也让我对“图书馆+书院”模式有了新的思考。李西宁先生给予的帮助不仅仅只使我完成了项目任务，更让我感受到了一个知识分子的谦卑、真诚与严谨。

写于2019年1月27日

03

书院的任务就是改造学校教育

——龚鹏程先生访谈录

夙有“天下第一才子”“当代孔孟”之称的龚鹏程先生，作为著名学者、教育家和思想家，融通儒释道三教，兼治中外古今之学术，曾任台湾佛光大学与南华大学的创校校长、《国文天地》总编辑、台湾学生书局总编辑。2004 年起龚先生定居大陆，先后任清华大学、北京师范大学、南京师范大学客座教授、特聘教授，现为北京大学中文系教授、文化资源研究中心主任、中国非物质文化遗产推广中心主任、龚鹏程国学院院长、杭州马一浮纪念馆馆长，著有《汉代思潮》《唐代思潮》《中国文学批评史论》《红楼丛谈》《中国道德智慧十五讲》《中国传统文化十五讲》《龚鹏程讲儒》《龚鹏程讲道》《龚鹏程讲佛》《国学入门》《书院何为》等一百五十多部作品。他设立的文化教育机构有十余处，遍及海峡两岸、欧美及东南亚，近年又在大江南北重建了数十所古代书院，践行着一个当代知识分子的职责。笔者有幸于 2018 年 10 月访谈龚鹏程先生，向他请教当代书院的相关问题。在谈到当代书院的定位时，龚先生明确指出：“书院的任务，就是改造学校教育！”

▪ 2018 年，杜华伟女士采访龚鹏程先生

杜华伟（以下简称杜）：龚先生您好！首先非常感谢您接受访谈！我读过您的多部著作，尤其是《书院何为》。这本书探讨了儿童读经、生活儒学、传统文化进校园、孔庙新模式和书院精神等问题，使我受益匪浅。我之前的研究方向是古代书院的德性培育，近年开始关注当代书院的发展，希望对当代书院的定位、功能、机制以及对古代书院精神的传承等问题进行全面系统的研究。您作为当代第一所书院制大学的创办者，后来又恢复重建多所书院，在这方面肯定有着深刻的思考与丰富的经验。所以想请您谈谈当代书院发展及相关问题。

龚鹏程（以下简称龚）：好的，其实我在很多场合曾多次讲到当代书院的宗旨、任务以及目前存在的问题，希望能引起更多书院创办者与研究者的重视，也希望我们的书院教育真正发挥它应有的作用。尽管目前效果并不十分明显，但我今天还是愿意就这一问题再讲讲我的看法和思考。

杜：教育部于2014年3月制定并发布的《完善中华优秀传统文化教育指导纲要》中指出，加强中华优秀传统文化教育，是构建中华优秀传统文化传承体系，推动文化传承创新的重要途径。2017年1月，两办联合印发的《关于实施中华优秀传统文化传承发展工程的意见》中明确指出：文化是民族的血脉，是人民的精神家园。文化自信是更基本、更深层、更持久的力量。2018年9月25日，教育部、国家语委印发的《中华经典诵读工程实施方案》中强调，要通过开展经典诵读、书写、讲解等文化实践活动，挖掘与诠释中华经典文化的内涵及现实意义，引领社会大众特别是广大青少年更好地熟悉诗词歌赋、亲近中华经典，更加广泛深入地领悟中华思想理念、传承中华传统美德、弘扬中华人文精神。在您看来，这一系列关于传统文化教育政策的出台，对于当代书院意味着什么？

龚：传统文化是中国人的根与魂，是中华民族长期发展过程中积淀的智慧，每一个中国人都应该努力学习并积极传承。传统文化教育是一个系统工程，它需要学校、家庭和社会教育的有机结合。但家庭教育因父母自身能力的差异，不一定能为孩子提供系统的传统文化知识，而目前学校教育又过于偏重知识灌输，从而忽略了学生的心性养成与人格培养。当代书院，若能真正继承传统书院的大儒主持、自由讲学、质疑辩难和师生关系融洽的教育精神，在传统文化教育中则可以大有作为。

杜：近年来，当代书院在全国各地纷纷创立，而且呈现一种快速增长之势，您如何看待这一现象？

龚：台湾于90年代开始尝试将传统书院和现代大学相结合，以经典教育、通识教育和礼乐教育为主要内容。近十多年大陆的书院重建、孔庙复活等现象也有类似脉络，这是一个很好的发展势头。但目前存在的问题也很明显，很多号称“书院”的机构，其实只是挂了个书院的名号而已，既没有藏书，没有学生，也没有大儒主持，没有学术宗旨，这怎么能叫作书院呢？一些私塾、学堂，甚至俱乐部、会所、房地产也叫书院，这就很容易混淆视听，让大家不知道书院到底应该是什么样子的。所以，在当下的书院热中，名不符实是目前的一个大问题。我们必须明白真正的书院精神是什么，我们要向古代书院学什么。

杜：有的书院以国学公益讲座为主，有的以青少年才艺培训为主，有的作为全日制民办教育机构，为三至十五六岁的孩子提供经典教育。那么，您认为当代书院的使命应该是什么？

龚：古代书院是为反对科举而创设的。当时，官学的教育体系已经相当完备，有州学、府学、县学等各个不同层级的学校，但为什么还要办书院呢？就是为了反对学校、反对科举！因为科举把人导向利禄之途，宣扬读书是为了做官，为了扬名。所以，大儒才兴办书院，藏书刻书、讲学论道，让大家静下心来读书做学问。后来清朝时，书院被国家收编而成为官办，不得已向政府妥协，也去顺应科举，但这不是书院的精神所在。现在我们创办书院，就是因为体制教育有很多顽疾，所以我们要继承古代书院的精神，改造现代学校教育，在国家教育之外真正走出一条学术之路，这才是书院值得我们今天发扬的地方！如果都像清朝那样培养科举考试人才，那又何必要办书院呢？有人说，书院教育是对学校教育的补充，这种观点根本就是错误的！学校的教育体系已经很完备、很详细了，有什么好补充的？目前我们学校教育的每一个细节都是错的，所以，我们要用书院教育来反对学校教育，改造学校教育。

杜：古代书院最初是为反对科举而创立的，结果最后走到了自己的对立面，变成了自己所反对的对象。现在一些当代书院努力想要为国家体制所认可，您如何看待这个问题？

龚：这种努力想进入体制的想法和做法本身就是错误的，如果最终还是要进入体制，那学生直接进体制学校学习就可以了，为什么还要来书院呢？清光绪二十九年（1903）之后，书院被废除，现在为什么又要拿出来谈呢？就是因为当初书院改学堂，政府是抱着很高的理想来办现代教育的，但这一百年来最终发现理想破灭了，我们的体制教育是没有生机、没有出路的。“眼前无路想回头”，所以我们现在办书院，并不是发思古之幽情，而是因为现代教育出现了很多问题，我们必须针对现实问题，提出新的解决方案。当代书院的创办者，最初可能还有一些想法，想要真正培养有学问、有担当的人才，可到最

▪ 龚鹏程先生

后为了经营，不得已走到了自己的对立面。朱熹早就说过：“学校废而后有书院。”读读明末黄宗羲的《明夷待访录·学校篇》就知道，书院的目的就是要改造学校教育。

学校与书院有很多不同之处，比如学校现在都是灌输式教育，而书院则是启发式的，学生先自学，有疑问、有想法，再来问老师；学校是向学生收费的，而传统书院会提供膏火供生徒来学习。教育的本质是什么？对个人来说，我有责任从一个无知的人变成有知的人，从不懂道理的人变成懂道理的人。对社会来讲，社会有责任培养子弟读书，如同父母有义务教育孩子而不能向孩子收费一样。培养人才是社会的责任，文化要传承要延续，就必须培养有情怀、有担当的文化人，怎么可以要求使用者付费呢？学校住宿的地方叫宿舍，跟工厂的工寮没什么两样，而古代书院住宿的地方叫“斋”。斋是什么？斋就是用行动来表现一种对事物恭敬的态度。住在斋里，日常时时刻刻都在学习、在用功，他在这里斋心，并不是白天去教室上课，然后回宿舍上网打游戏。所以，书院教育所有的环节、细节都是对现代教育的提醒，兴办书院不是为了复古，是为了解决当前的实际问题。

杜：您于1999年创办的台湾南华大学，作为第一所现代书院型大学，它在课程设置与教学管理方法上有什么独特之处？

龚：当时台湾的大学已经够多了，我为什么还要集合一大批人力来办一所新学校，每一分钱都从社会上去募集，就是因为不满台湾当时的教育状况。在创办之初，我们就下定决心要“将传统书院的内涵体现在现代大学的制度里面，用古代书院精神开展现代大学教育”！这样的办学思路与模式，至今我仍然认为是成功的。这样的大学，当时在社会上，之所以能得到那么大的支持，就是因为这个理想大家已经期盼很久了。大家都觉得现代大学有很大的问题，所以希望能恢复书院传统。书院传统的回归，成就了这样的大学。在南华大学，一名学生会有两位导师辅导他，全校实施通识教育。学校图书馆24小时开放，且没有任何门禁，借书、还书不用登记，学校职员上班不打卡，也没有什么加班制度等，一切都不一样。

它的独特之处在于：一是经典教育。每个学科的核心都是经典课程。学生在四年学习过程中，至少要详细读完八本中西经典著作，经典教育贯穿整个教育过程。二是通识教育，全人格教育。本科生在大一、大二都是不分专业的，所有学生进行的是一套通识教育。虽然2000年以后通识教育的推广也得到了很多学校的支持，但所有学校都是在专业教育的体制内进行一部分通识教育。而我们不是，我们全校都是通识教育，结构完全不一样，所以传统文化修养是每个学生都会的。譬如我的学生，不管哪个科系，都会弹古琴。古琴课每个学生都上，其他通识教育的课程就不用说了。为什么要学古琴呢？因为学校提倡礼乐教化，所以要恢复中国传统礼乐。三是管理学的人文化。最先南华大学只是一所管理学院，办的都是管理学科，但是我们开创了管理学的"整体人文化"。不但是中国化而已，还是整体的人文化。所以我们开创了艺术管理、非营利事业管理、殡葬管理、出版学、环境管理、旅游事业管理等新学科，这些也延伸了刚刚讲的管理学的中国化，把它全部改造，出现了人文管理学的一个新学群。南华大学是大学跟书院的重新磨合，因为过去切开了，重新接合，得创造出一个新模式来。

杜：请问当代书院在发展过程中暴露的诸多问题，其根本症结在哪里？

龚：因为我们的传统断了，大家都不懂，不懂又不愿意虚心学，只是想尽快做点东西出来，急着去占领市场。比如说全球祭孔联盟找我做顾问，我很愿意做，很愿意服务，我开班大家来学，不是挺好嘛！但其实他们并不是来学，只是送个聘书而已，表明他们的组织有很厉害的专家做顾问，这太急功近利了！其实要学习不是很难的，既然我会，只要你认真，你也会的。祭孔在中国是一个大典，文献非常完备，历朝历代都有记载。比如我在都江堰恢复孔庙，就把都江堰的《灌县志》印出来，里面就有《学校志》！《学校志》里就有学校祭孔的记载，每个县的都有，更何况全国的呢！全国的比如《頖宫礼乐疏》《南雍志》，没有人愿意认真研究。其实传统并没有真正断掉，因为还有文献典籍。《论语·八佾》说："夏礼吾能言之，杞不足徵也；殷礼吾能言之，宋不足徵也。文献不足故也。”朱熹集注：“文，典籍也；献，贤也。”讲得很清楚。“文”就是指有关典章制度的文字资料，“献”是指像我这样的长老，掌握熟悉典籍掌故的人。文献俱在，为什么不来了解呢？

过去书院的祭祀、会讲、辩论是有规矩的，文献上都有记载的。关于祭孔，山东省孔子研究院、济宁市办公室秘书处、孔子文化节总导演、祭孔办公室主任来找我，待了三天，只是走过场而已，根本没有静下心踏踏实实地学。现在办书院的人整天只是想做宣传、做旅游，根本不懂书院的精神，只是拿一个名号来装点门面，根本不能静下心来，不懂也不来问，充分表现出了知识分子的那种傲慢和自以为是。

杜：*在全日制民办书院学习的孩子，家长又会担心未来的出路问题，您怎么看？*

龚：出路就是一个假问题。首先，你学不好怎么会有出路呢？孔子早就说过：“君子谋道不谋食。耕也，馁在其中矣！学也，禄在其中矣！”出路是看学问的，你学问做好了，就不愁没有出路。学问做不好，读什么科系和专业也没用。尽管你学的专业很时髦很热门，同样不也没有出路嘛。我是读中文的，但我的出路很广呀，可以做教授，做校长，可以做官，是因为我学的好，真的下苦功夫去学习了。所以，要复兴中国文化，只能来问我了。（笑）

我上大学时会给自己定任务，并没有把自己限制在中文这个专业里，我读大学，就是找了一个场所来自己学习。除了修完学校规定的课程，每年我会选择做一个题目。大一时读《庄子》读不太懂，就下定决心自己做《庄子注》，把图书馆里有关《庄子》的书都借来读，市面上能买到的关于《庄子》的书我全看过了。《庄子》三十三篇，我一篇篇地注，一个字一个字地注，翻来覆去地修改，写了好多遍。大二做《谢宣城诗研究》。大三做《古学微论》，中国古代的儒家、道家、名家、法家、墨家、阴阳家等九流十家，每一家的所有上古文献，我全都看过了，最后自己写出一本古代文献整理。大四写《近代诗家与诗派》。从十七岁进大学到现在为止，我每年做研究不低于七八十万字，这个习惯一直保持着。现在很多父母把孩子送到私塾、

▪ 2018 年，杜华伟女士与龚鹏程先生在逸迩阁书院合影

送到书院去，都带有一种功利心，他不是真的去学一些本事，只是想借此获得功名利禄。

杜：当代书院有很多种类型，开展活动的方式也多种多样。您对其中的乡村儒学怎么看？

龚：乡村儒学？乡下老百姓读书吗？农民大多不识字，他们根本不读书的。当然，对这一群体讲讲传统文化是可以的。知识分子下乡，表达大家对农村的关怀，也体现了知识分子对农村建设的关注，但要谨防把这种关怀和关注变成一场只注重形式的道德运动，只是拿着一些口号、一些道德教训到农村去推广，说我们要讲伦理、讲道德，这些很重要呀！从前古代农村是有耕读的，但现在乡村儒学有耕读吗？没有，只有耕没有读呀。比如当时曾国藩在乡下，人家的家族是有读书的，既教子弟有伦理，也教他们要有传承。《曾国藩家书》《曾国藩家训》及《经史百家杂钞》都很有名。读书之后，国家有事就出来救国。我们现在在农村搞道德运动，一片假大空！伦理孝道是很重要，但社会结构发生了变化，现在大多数小孩都不在父母身边，传统的孝道不可能实施，这就要发展新社会的新伦理。农村也在变，城市也在变，不能拿僵化的道德教条、道德形式来绑架个人，而是要适应现代社会结构与现代人的生活模式。

杜：那么，当代书院可以向传统书院学什么？

龚：第一，书院是要有宗旨的，每个书院，即代表一个学派或一位大师在此讲学。

第二，书院是要讲学的，要有大儒主持。传统的学校是不讲学的！古代学校就跟我们现在的小学、中学一样。它们讲学吗？只有考试啊！让学生反复练习要考试的内容，反复背诵、反复记忆、反复做习题，然后周考、月考、期考，慢慢让你学到一套答题的技巧、应答的本领。因为它们不讲学，故不需要谈什么宗旨、讲什么学问。书院却要讲学，所以跟学校迥异，而且山长本人是要讲学的。

第三，书院的活动是有仪式感的。比如讲会前的仪式，以刘宗周《证人社会仪》为例，其讲会皆有一位司会，也就是主持人。司会宣布讲会开始后，敲云板；云板三声之后，司赞，也就是司仪，命童子歌诗；歌诗毕，再敲云板三声，主讲人才开讲。

第四，每个书院还要祭祀，这代表着文化的传承、学脉的延续、学术宗旨的确定。现在书院也搞释奠礼、释菜礼，会在9月28日这天举行祭孔大典，但其实根本就不懂，有一些根本就是错的。书院祭祀是要跳舞的，要研礼，要习乐。现在很多人就是叶公好龙，并不是真的喜欢，释奠释菜礼不懂、三代礼乐不懂，礼器、乐器搞不明白，连作揖也不会，大拇指竖起来作揖，这根本就是学电视的，全是错的。看起来是书院热，其实内涵上一塌糊涂，都是骗人的，不懂的骗更不懂的。

第五，注重自学。古代书院讲学只是指点性的启发教育。像王阳明讲《大学》只讲其中一句，学生由此去想去思考，整本书就能够掌握了，不必从头到尾把《大学》一章一句地串讲一遍。从头到尾串讲下去，是小学或蒙学才做的事，不是“大学之道”。现在大学便是从头到尾讲，一章一句地串讲。书院教育是启发式的，辩论、启发、指点而已。山长亦不常讲，学生基本上只是自学。自己学，自己下功夫，学到某个地步，老师才给个指引或做个印证。这才是书院教学的方式！其实山长主讲并不常有，跟我们现在大学每个礼拜老师都要讲课不同。书院山长大概一两个月讲一次，平常并不讲，那么平常书院的精神是什么呢？是自学！就是你自己学习。

杜：关于当代书院发展的具体运作层面，您能否给一些好的建议？

龚：第一，建议书院主事者要提升自己及运营人才的素质。因为我前面说过，古代书院是要有大儒主持的，是要讲学的，要讲学首先自己就先得读书，自己有学问才能去教别人。

第二，古代书院是有课程的，每天大家自修、自习，自习不是自由散漫的，是有读书分年日程的。比如像宋儒，有功课，自己或书院定的功课。清朝的书院定期有月课，要做试贴诗，要做八股文，要习作。我们现在的书院，学生来了读什么书呢？不知道读什么书。有些书院把《弟子规》作为经典反复教授，老实说，《弟子规》是中国自有蒙书以来最差的一本，比《三字经》《千字文》还差好多。而且它出现的比较晚，清末才出现。古人从来没读过《弟子规》，谁读过呀？书院是大人之学，那蒙学如儿童读经之类的能叫书院吗？简直就是笑话。

▪ 龚鹏程先生

第三，要善于联合同道，协同发展，且要坚持信念、立稳脚跟，才能迎接书院发展的大时代。目前当代书院发展的大环境很好，国家关于传统文化教育的若干政策与文件，为书院发展提供了支持和平台，要把这些资源充分利用起来。

第四，要很好地发挥书院的社会教化功能。

杜：请您再具体谈谈当代书院的社会教化功能。

龚：古代书院除了日常讲学、学派会讲之外，还有对外宣讲，属于社会性的讲学。有时即使在书院讲，但听众不限于书院本有的师生，还有外面的社会人士。这种宣讲和讲会或山长的主讲不一样，连说话方法都不相同。像王阳明就教学生说：你们讲学，都拿着个圣人去和别人讲，别人看见圣人来了，都吓得跑了！所以你要像观世音渡化老百姓一样，要跟老百姓是一样的，用一套愚夫愚妇的语言方式，人家才听得进去。这种面对社会的讲学，旨在教化，目的是要让社会风俗更为淳美。

中国书院讲学至少有两套语言：一套是书院内部的，像《朱子语类》这种说理、论辩式的语言；还有一套是教化世俗的，像泰州学派这些。他们为什么能在社会上产生很大的作用呢？就是因为书院面对社会公众时，有一套愚夫愚妇的语言体系。所以，我们讲传统文化，就须设法让它跟我们的现代生活脉络连接起来。对古代书院教育传统、教育精神要进行梳理，得把它实际践行于我们的教育工作中，这样传统文化才能跟现代生活重新结合起来。

杜：在推动传统文化复兴的路上，您每年都有新的行动，2012年设立龚鹏程国学院，2013年主持都江堰文庙，2014年主持杭州马一浮纪念馆，恢复复性书院，2015年在北京创办明道私塾，2016年在尼山圣境发起中国首届国学院长高峰会，2017年受聘为全球祭孔联盟顾问，今年（编者按：2018年）您又指导建立国内最大的民间图书馆兼书院——湖南逸迩阁书院。

龚：是的，我已经讲了十几二十年，写了很多书供大家参考，也做了很多事情，但现在很多人还是一窍不通、自以为是。如今每个地方办书院，都是自己先立一个小山头，把一个读书人的傲慢、急功近利表现得淋漓尽致，动不动就说要“为往圣传绝学”，传什么绝学？压根就不懂！就好像一个小学生在古书上写写画画，声称要“取其精华、弃其糟粕”，你连什么是“精华”，什么是“糟粕”都不懂，怎么取舍？所以，我就是迫切地想通过自己的不断努力，让更多人了解书院，理解书院，参与书院教育，真正来做成人的教育，而不是做为了考试、为了做官、为了就业的教育。

杜：相信您对当代书院的定位和思考，以及您自己在讲学、办学过程中的丰富经验，都可以为当代书院提供参考和借鉴。非常感谢龚先生百忙之中接受我的访谈！

龚：也谢谢您的访谈，希望有更多人能参与到书院的创办、思考与发展中来，共同推动中华优秀传统文化的传承与复兴。

结语

书院，近些年已成为社会和文化的热点。形式不同、活动各异的书院遍地开花，它们在为民众提供学习传统文化的平台、提升文化素养方面发挥着一定的作用，但也确实存在着名不符实、鱼龙混杂的现象。

龚鹏程先生一直在致力恢复书院左庙右学的形制，以充分凸显当代书院祭祀讲学、藏书读书、论辩思考的精神，并以此改造学校教育中的弊端，使教育真正成为培养人的教育，培养善良的人，能独立思考的人，对人生有想法、对未来有想法、对社会有想法的人。期待更多的当代书院创办者和管理者也能静下心来认真读书和深刻反思，使书院成为有学术宗旨、有大儒主持、学生实现自由成长的新型教育模式和机构。

2018 年 10 月 11 日访谈记录

2018 年 10 月 25 日整理完稿

2018 年 11 月 8 日首发于凤凰网国学频道

2020 年被录入《中华优秀传统文化研究》（第三辑）

访谈者杜华伟，哲学博士，兰州交通大学副教授，硕士生导师，中国书院学会理事，安溪凤山书院文化建设学术顾问，《中华优秀传统文化研究》编委，研究领域为书院文化与思想。

受访者龚鹏程，当代著名学者和思想家。已出版著作 150 多本，办有大学、出版社、杂志社、书院等，并规划城市建设、主题园区等多处。讲学于世界各地，现为世界汉学中心主任、中国非物质文化遗产推广中心主任。擅诗文，勤著述，知行合一，道器兼备。

【一点题外话】

最早“认识”龚鹏程先生，源自网络上对他“当代孔孟”“天下第一才子”的评价，也有网友说“他是一个走路都往下掉个性的人”。2018 年 10 月 10 日，有幸参加湖南石门逸迩阁书院开院仪式及“首届传统文化与现代书院”座谈会，会上第一次见到龚先生，听他在开幕式上热情致辞、在学术研讨会上发表高见，欣赏他给书院隽秀飘逸的书法题词、听他在师友欢迎晚宴上一展歌喉，果真感受到他是一位学识渊博、个性十足的学者。10 月 11 日，抓住会议结束后的一段休息时间，我对龚先生进行了访谈。此前，虽读过先生的几本书，尤其是《书院何为》这本书我反复看过好几遍，但面对面向先生请教问题，

▪ 2019 年，杜华伟女士调研逸迩阁书院

仍然感到诚惶诚恐，总怕自己提的问题太小儿科、不够专业。

还好，龚先生待人和蔼亲切，对于我提出的所有问题都很认真地回答，并且表示了对于书院教育发展的忧虑，表达了对于书院教育发展的信心，也向旁听的师友们分享了自己创办书院、恢复文庙、推动祭祀等活动的心得。他还对我的书院研究给予了鼓励，并提出一些很有价值的建议。一个多小时的访谈，我受益匪浅，后期整理成稿时依然小心翼翼，生怕写得不到位或者有差错，不能很好地表达先生的想法。稿子发给龚先生审阅后，我忐忑地等待回复，直到收到“写得挺好，不用修改”的答复时，我才真的放心了。当然，我知道还可以更好，只是限于个人能力，目前只能写到这个水平。接下来，我该继续用心做好当代书院研究，也该认真拜读书架上那一排排先生的著作。

写于 2019 年 1 月 29 日

04

传承古代书院精神，发展当代书院教育

——访中国书院研究中心主任、岳麓书院教授邓洪波

书院是中国读书人围绕着书，开展藏书、读书、教书、讲书、著书、校书、刻书等各种活动，进行文化积累、研究、创造与传播的文化教育组织。书院曾为古代讲学藏书、学术研究的发展，学风士气、民俗风情的培植，国民素养、伦常观念的养成做出了重要贡献。近年来，伴随着传统文化复兴和人们对现代教育的反思，当代书院在全国各地纷纷创立，并且呈现出不断增长之势，书院教育又重回大众视野。笔者有幸于2018年12月专访中国书院研究中心主任，世称“邓书院”的湖南岳麓书院邓洪波教授，向他请教有关传统书院的价值、当代书院的功能定位以及如何运用新媒体推进书院文化发展等问题。

以下为访谈实录。

杜华伟（以下简称杜）：邓老师您好，首先感谢您接受访谈，也感谢您多年来在书院研究方面给予我的指导与鼓励！近几年我专注于当代书院研究，希望对当代书院的定位、功能、类型、运行机制以及当代书院对古代书院精神的传承等问题进行全面系统的研究。您作为国内书院研究第一人，有着丰硕的研究成果与深刻的理论见解。所以，今天想请您谈谈当代书院与“书院学”发展的相关问题。

邓洪波（以下简称邓）：好的，谢谢您的访谈。也希望我们共同推动书院研究，为众多当代书院提供更好更专业的理论资源。

杜：历史上7000多所书院，曾在全社会的文化积累、知识传播、人才培养与社会教化方面发挥过重要作用。时至今日，全国各地的当代书院也有2000所之多，它们的创办方式、活动内容与规模大小各不相同，可以说每一所书院都有自己的特色。您认为，当代书院应该向古代书院学什么？

邓：古代书院起源于私人治学的书斋与朝廷整理图书典籍的衙门，有民间与官府两大来源。官办书院与官学的同源性，使书院获得了合法的社会身份，具有了与官学相同的一些形态特征，形成了正规化、制度化的特色。民办书院与私学的同根性，使书院赢得了广大民间士绅的支持，力量虽然单薄却坚定而持久，也使书院形成了自由讲学、质疑辩难、师生从游和学派会讲等私学特色。在长期发展的过程中，

▪ 2018 年，杜华伟女士采访邓洪波教授

书院吸收了官学与私学的优势，摒弃了它们的不足之处，逐渐成长为一种独立的、特殊的教育组织形式。

当代书院是在继承古代书院精神，响应社会文化需求的基础上产生的。首先应该学习古代书院“传斯道以济斯民”的文化担当。目前，虽然数量众多的当代书院各有特色，但它们的办学宗旨应该是一致的，那就是“传承中华优秀传统文化，满足当代社会文化需求”。古代书院之所以能有 1000 多年的历史，就是因为它在历朝历代针对当时所遇到的实际问题，提出了不同的课程和解决方案。当代书院的发展也应该如此，在保持各自特色的同时，因地制宜地满足读书人不同的文化需求，有针对性地设置自己的课程，同时进行教学研究，承担起书院应有的文化责任。

杜：您认为当代书院的发展方向是怎样的？

邓：当代书院与古代书院的性质和使命基本一致，都是亦官亦私，在体制内外之间运营，为中华文化的积累、传播、研究与创造而不懈努力，所不同的只是它们的时代特色。我们可以看到，今天凡具有教育教学功能的书院，与古代书院一样，为了满足不同时期、不同地域、不同层次读书人的文化需求，形成了各种各样的类型和等级。例如，山东尼山圣源书院立足农村，针对当地民风民俗的实际状况，从“孝道”这一人们最基本的关注点出发，积极开展“乡村儒学”教育，这些年已取得了相当成效，它基本运行于现行教育体制之外。河南嵩阳书院在发挥文化旅游资源作用的同时，积极与郑州大学合作，开展相关教育教学活动，试图进入高等教育体系。生存状态最好的是千年学府岳麓书院，它作为湖南大学的一个二级学院，在现代高等教育体制内开展教育教学与科学研究，保持了古代高水平书院培养高级人才、研究高深学问的全部功能的同时，又参与文物保护和投身旅游经济，谋求相对自主与独立。这其实给了我们一个很好的启示：当代书院如果发展得好，完全可以自立于现代高校之林，为高等教育事业的多样性增添光彩。所以说，回归教育是当代书院最好的发展方向。

杜：作为湖南大学的一个二级学院，岳麓书院以新的姿态融入现代大学教育，请问岳麓书院与国内其他大学的书院制有什么不同？

邓：大学书院制实际上是一种现代学生生活社区文化运作模式，通过对学生生活社区的文化建设与文化管理，承担学生的思想品德教育、行为养成教育、心理健康教育和就业指导服务。近年来，在高等教育大众化的背景下，很多学校吸收古代书院制度和西方住宿学院制度的特点，融合传统“人文教育”精神与西方“博雅教育”精神，按照“学科专业学院制、生活社区书院制”的理念，开启大学书院制管理模式。自2005年复旦大学开始书院制探索以来，西安交通大学、苏州大学、肇庆学院、南方科技大学、北京航空航天大学等越来越多的高校加入书院制改革之列。2014年，香港中文大学、台湾清华大学、台湾政治大学、复旦大学、西安交通大学、华东师范大学及北京航空航天大学7所高校在北京发起成立了“亚太高校书院联盟”，方便实行书院制的大学之间进行互动交流。大学书院制最主要的特点是吸收书院的大学宿舍管理模式，学生进校后按照书院进行混合宿舍编排，而不是按照专业科系编排。比如复旦大学，学生公寓按区域划分成志德、腾飞、克卿、任重和希德五个书院，书院内的住宿安排，基本按照大类融合和学科交叉的原则，入学的新生可按照自己的喜好自由申请书院。每个书院有相对独立的区域，设有健身房、舞蹈室、阅览室、咖啡厅等多个功能室，让不同专业的学生有更舒适便捷的交流活动空间。

岳麓书院作为大学系统里的书院，它与国内其他高校的书院制相比，有着自己的特色与模式。岳麓书院也做书院管理，因为它本身就是传统书院转化而来的，但它与其他大学书院制最大的区别就是“课程设置”。我们是按照现代教学规律，现代大学课程模式来设置的，在学生管理中引入了书院的很多东西，比如我们实行的本科生导师制。我认为最重要的区别还是在课程，当然其他大学书院也有设置通识课与公共课的，全国的情况、模式不太一样，他们也各有自己的特色。但他们最主要的还是学生管理，而不是学生的课程设置。岳麓书院现在总的是在做加法，在现有体制框架内，尽可能多为学生提供“加餐管理”，班级的活动之外，还有导师门下的活动、本身年级的活动，

▪ 2019 年，杜华伟女士调研岳麓书院

以及学院的各个读书会等，使学生拥有更大交流平台和更多可用资源。目前我们正在讨论设置“实验班”，课程体系较之以前会有所调整，但最大的问题还是学生出口问题，因为这在体制上比较难。所以，我们现在逐步在讨论采取“自主招生”模式，会有一定门槛，但对于那些有一定爱好，又可能偏科一点的学生，可以为他提供专门的学习与研究平台。课程设置还在讨论中，目前初步打算开设“传统经典＋西方经典＋马克思主义经典”课程。

当然，岳麓书院从学生管理上来讲，与其他高校书院制也有相同的地方，主要是对学生进行更加人性化、多方位的管理与教育。现代大学教育制度下，把书院的因素引进来，虽然在制度层面上有一定难度，但在精神方面可以大做文章。我们的方针、宗旨和方法，都可以做出很多新的东西，我总觉得要把书院制作好，还是要在现行体制下做一些补充和加法，把书院的一些特点做出来，而不可能是完全替代体制教育。

杜：岳麓书院是古代四大书院之首，也是传统书院重建的成功典范。岳麓书院充分借鉴古代书院“从游”制度，实施本科生导师制，加强师生之间的互动交流，这些方面值得其他高校借鉴。请您具体介绍一下岳麓书院的本科生导师制。

邓：岳麓书院本科生导师制始于2009年，现在已进入第十个年头，在运行过程中经过不断调整与完善，目前已形成了较为成熟的体系。本科生导师制就是在现行教学体系、课程体系基本不变的情况下，充分发挥导师在学生知识学习、身心发展与职业规划过程中的引导作用。每个学生入学后会配备四名导师：学业导师、生活导师、班导师和兴趣小组导师。

学业导师由教师担任，负责学生的学业发展与品德培养，每个导师最多指导三名学生。这样一来，同一学业导师指导的不同年级本科生之间，以及本科生与研究生之间就有了更多的交流机会，可以充分发挥大学生朋辈教育效应。生活导师由书院选择品学兼优的博士、硕士生担任，每个导师最多指导三名学生，交流形式灵活多样，既可以是走访宿舍、组织读书会，也可以是与学生一起爬山、郊游等。因为研究生与本科生年龄相近，更容易交流沟通，所以在生活上可以予以他们更细致的关心和指导。班导师由书院选择教师担任，负责一个班级整体的学习、生活等方面的指导工作。为了防止因实行学业导师与生活导师制，使学生的活动围绕导师展开而淡化了班级归属感与凝聚力，学校安排了班导师，以班级为单位组织活动。学术兴趣小组导师是为具有共同兴趣爱好的同学配备同一导师，帮助学生解答学术问题、拓宽学术视野、了解学术前沿、熟悉学术规范、增强问题意识，使学生尽早接受系统的学术训练。岳麓书院实行的学业导师、生活导师、班导师和学术兴趣导师四位一体的本科生导师制，既是对古代书院育人理念的继承，也是现代高校全方位育人的具体实践。

杜：随着国家对传统文化教育的重视程度的提高与书院教育的复兴，书院学研究成果的数量近年来不断攀升，在深度和广度上不断拓展，相关刊物及学术专栏、研究机构等也不断增加。您于 2017 年出版的《书院学档案》一书，对 2014 年之前“书院学”的既有历史进行了全面总结和梳理。那么，您认为设立“书院学”的可能性与必要性如何？

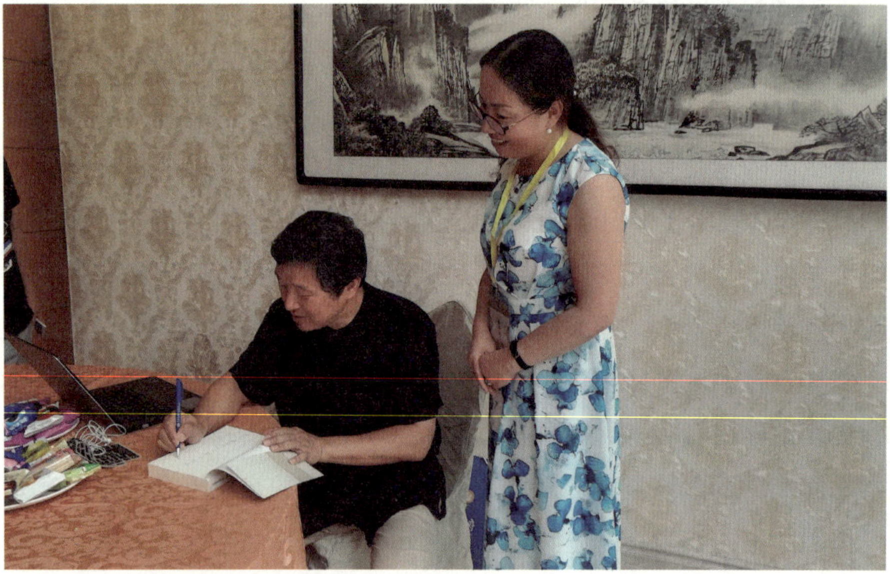

▪ 2018 年“书院传统与未来发展论坛”期间，邓洪波教授签名赠书

邓：我们出版的《书院学档案》，以1923年至2013为时间节点，由“书院研究综述”“书院论著评介”“书院著作提要”和“书院研究论文索引”四部分构成，是书院研究中一部重要的文献。在此之前，尽管书院研究蓬勃发展，但是其本身的研究史即书院学史还没有专门的论著加以总结、梳理和评述，《书院学档案》一书应该说是填补了这一学术空白。

其实20世纪80年代就有人在提“书院学”。1985年，中国社会科学院美国研究所的一位老师提出应该建立“书院学”。从学科建设来讲，应该做这种考虑。但我总是比较保守，觉得目前基础研究还不够。看似研究得很热闹，其实根基还是比较薄弱，表面的、浅层的东西比较多，体系的构建和挖掘还很零散，所以不是很想特别快地提学科构建。建立一个学科需要很多要素，基本理论、学科规划、专业设置和基本队伍建设，缺一不可。当然，目前全国当代书院也有了两三千所，书院研究成果也相当丰富了，应该把“书院学”的建立提上议事日程了。厦门大学刘海峰老师的“科举学”最值得我们借鉴，因为这两种学科之间有很多重叠交叉的地方，可以一起来推动，刘老师也一直在催促鼓励我们行动起来，进行“书院学”系统的学科构建。现在稍微缓一步，先把基本资料做完，把相关文献整理得差不多，学科构建就可以提到议事日程上来做了。从1985年提出到现在有几十年了，我们也做了大量的工作，现在可以开始行动了（笑）。

杜：祝贺您与您的团队近期出版了《中国书院文献丛刊》（第一辑），这应该算是建立“书院学”学科前期很扎实的基础工作了，相信后续还会有更多资料整理出版，方便研究者使用。

邓：这是我主持的国家社科重大基金招标项目《中国书院文献整理与研究》的阶段性成果，也是集体力量与智慧的结晶。中国历史上出现的7000余所书院，作为古代儒学教育与文化传播的载体，将宝贵的思想文化渗透到社会的方方面面。在书院千余年的发展过程中，形成了有关教育、学术、思想、文化、民俗、经济等各方面数量巨大、种类繁多的书院文献，这些文献都是中华传统文化的重要内容，值得我们去认真研究。《中国书院文献整理与研究》这一重大课题，分为书院文献目录的辑录与研究、书院文献的影印与研究、书院文献的点校与研究（综合组）、书院文献的点校与研究（学术组）、书院文献研究五个子课题，其主要任务是要摸清家底，编制出国内外书院文献的总目录，以影印、点校两种方式，整理、公开约占总量八成以上的书院文献，进行文献学研究，初步将“书院文献”体系的框架构建起来。

本次出版的《中国书院文献丛刊》（第一辑），辑录了成书的书院志、学规、章程、课艺、讲义、（讲会）会录、会纪、同门谱、藏（刻）书目录、山长志、学田志等类型的书院文献 125 种，共计 100 册。所辑录诸书，全部依照《四库全书》撰写提要，不仅著录书名、作者、版本、馆藏单位，还将文献对应的书院信息加以补充，具有很高的学术和史料价值，为书院研究提供了基本文献。为便于研究者查阅与参考，每辑编制著者、书名两个索引，作为附录。明年（编者按：2019 年）上半年，还会推出《中国书院文献丛刊》（第二辑），也是 100 册，收录书院文献 139 种。接下来，还会陆续出版《中国书院文献版本目录》《近百年书院研究论著目录》《书院文献研究论集》《中国书院志史》和《中国书院文献总目提要》。我们希望能将更多的文献整理出来，方便与书院研究者共享资源。

杜：近期，中央网信办组织光明网、人民网和湖南大学联合推出“文脉颂中华，书院＠家国”活动，以动漫与微视频的形式普及书院知识，您如何看待这一活动？

邓：用新媒体传播书院文化，效果很好，超乎想象，这其实是一个传播路径的问题。当年正是雕版印刷的普及使书籍大量出现，引起了知识体系和表现形式的变化，使读书人大量增加，才出现书院，形成书院制度。网络媒体是新时代传播的新渠道，已经出现网上书院这种新的书院形态，这是千年书院发展的新动向，值得特别关注。而利用新媒体向 80、90、00 后传播书院文化，更是值得欢呼的题中之义。本次活动从 2018 年上半年开始筹备，11 月 24 日在岳麓书院举行启动仪式，到 12 月 2 日结束，既有寻访古书院、采访书院研究者与管理者的活动，也有相关学术论文、论坛视频的推出。有20多家新媒体参与其中，产生了广泛而深刻的社会影响，被中央网信办誉为重大主题、重大议题设置精品项目。非常荣幸，我和我的学生也参与其中，做了一些力所能及的工作。

“文脉颂中华，书院@家国”活动，持续10天，20余家媒体共发表200余篇报道，包括新闻、组图、H5、动漫、直播、短视频、微博等形式。其中有30余篇优秀稿件被中央网信办全网推送，微博话题“书院里的中华文脉”阅读量达到5532.8万，收到了很好的传播效果。这些新媒体使我大开眼界，尤其光明网的三个动漫短片《书院日常似哪般》《书院规制知多》和《书院精神永流传》，人民网的七部微视频《文脉流芳，家国天下——书院精神》《百家争鸣，包容开放——书院学术》《山水自然，人文荟萃——大美书院》《弘扬传统，开拓发展——书院焕新》《千载沉浮，生生不息——书院生命》《文化名片，创新载体——书院传播》和《传承历史，走向复兴——书院未来》，都令人耳目一新。每个短片时长5分钟左右，以动漫或视频的形式向人们普及书院知识，并且配有字幕和音乐。从目前的反馈来看，效果大大超出我们的预期。虽然只有短短5分钟时间，其实背后的工作量

▪ 邓洪波教授主持的国家社科重大基金招标项目开题

并不小。我们也在总结经验，期待下次能做得更精细、更专业、更丰富，当然这需要前期做很多功课。

杜：在互联网时代，用新媒体传播书院文化是不错的选择，但就本次活动而言，我觉得其实受众还是有限的，必须是那些有时间上网、会上网的人才能看到，还有相当一部分群体是无法接收到这个信息的。

邓：是的，这个人群是相对年轻的群体，他们能够上网、使用智能手机，而且平时上网时间也较长，会从网络获取大量信息。所以，纸媒也要结合起来，电视也要同时做起来。目前还在总结经验中，将来覆盖群体可以再广一些。所以，将传统媒体与现代媒体联合起来，做一个立体性的跟进与普及，使更多人了解书院文化并受益于书院文化，也是我们研究工作者的社会责任之一。

杜：您 12 月开设了微信公众号“书院千年”，这也是借助新媒体推广书院教育的一种途径。该公众号内容专业丰厚，为书院研究者与书院文化爱好者提供了很大帮助。

邓：在信息传播方面，新媒体具有速度快、范围广、影响大等特点。与传统书院相比，当代书院拥有更广阔的宣传平台，传播媒介也不再局限于报纸、期刊和图书，而是可以充分利用网络、电视，还有手机等途径。公众号是一个很方便的平台，可以容纳很多资料信息，并且可以反复多次查看。“书院千年”公众号常设书院文献、书院研究和书院百科三个栏目，想为大家提供更多的资料。我们从 1984 年开始进行有组织的书院研究，积累了大量的研究成果。从 2006 年开始做书院研究综述，坚持了十几年，每年都会统计梳理上一年的书院研究成果，并撰写研究综述。从 2015 年开始，我们在做国家重大社科基金项目《中国书院文献整理与研究》，整理、影印了大批有意义、有价值的书院文献资料。所有这些，都将统一放到这个平台上来，方便大家查阅参考。“书院千年”刚刚起步，现在内容以书院文献为主，同时会配上图片书影，让大家看看当时的资料是什么模样。这事比预想的难很多，还祈得到社会各界的支持与帮助。

杜：当代书院教育与体制教育应该是怎样的一种关系？您对这一

问题怎么看？

邓：体制内的学校教育与书院教育是一种主次分工而又相辅相成的关系。类似于古代的科举制度与学校制度之间的关系。当前，书院教育也只能要么融入体制教育，要么补充体制教育。传统的书院之所以能够存在千年之久，还是因为它的定位在于补充学校教育之不足。我认为，无论大学、幼教或者中小学，书院教育还是应以补充为主，而不是替代学校教育。幼教、小教可以做出更多特色，把传统融入进去，越往上走，有强大的体制在，有升学的压力在，就要看体制教育的缺点是什么，我们尽可能做一些补充。要设置出一个完全不同的东西来，现在看来很有难度。其实历史上宋元明清各朝代的书院是不同的，但也是一种补充完善，或者说把学校教育的缺点缩到最小。在现行学校体制内还是有一定的空间，我们可以做很多事情，可以使书院精神与书院文化充分发挥它们的价值。

杜：谢谢邓老师接受访谈，希望您与您的团队会有越来越多的成果，也希望“书院学”学科能早日建立！

邓：感谢长期坚持书院研究的各位学者，也希望您在当代书院研究方面多用力用心，能为当代书院发展提供可行的理论资源与实践建议。

结 语

邓洪波教授一再强调：“书院是读书人的精神家园。只要书和有理想的读书人还在，书院就有存在的可能，就有生长的空间，就有再创辉煌的无限希望。”当代书院应该继承发扬古代书院精神，实现书院文化的复兴与现代转化，让书院教育成为体制教育的有益补充，成为传承中华优秀传统文化的重地。

2018 年 12 月 23 日访谈记录

2019 年 1 月 4 日整理完稿

2019 年 1 月 7 日首发于凤凰网国学频道

2019 年被录入《中华优秀传统文化研究》（第一辑）

访谈者杜华伟，哲学博士，兰州交通大学副教授，硕士生导师，中国书院学会理事，安溪凤山书院文化建设学术顾问，《中华优秀传统文化研究》编委，研究领域为书院文化与思想。

受访者邓洪波，中国书院学会副会长，中国书院研究中心主任，湖南大学岳麓书院历史系教授、古籍整理研究所所长，博士生导师，湖南省中国四库学研究基地首席专家，湖南省书院研究会副会长，湖南省历史学会常务理事。学术研究以书院文化为主，兼及历史文献、科举制度，涉及历史、教育、哲学、图书馆、文化事业等领域，在国内外发表论文百余篇，出版著作20余部，人称“邓书院”。

【一点题外话】

我与邓洪波先生“相识”于2009年，博士论文确定以《古代书院个体德性培育研究》为题后，便购买了邓老师几乎所有的书院类著作，一遍又一遍地阅读体会。那时我对“书院”这个主题的了解并不是很深，当然“相识”只是我知道他，他并不认识我，也并不知道我“认识”他。读博期间，我曾在游览岳麓书院时向小导游问了邓老师的电话，本想向他表示问候和谢意，同时想请教一些问题。但一想到自己暂时还提不出什么深刻的学术问题，加之邓老师肯定也承担着繁重的教学科研任务，最后打电话的想法也就不了了之了。

博士毕业后，2013年元旦之际我冒昧写信给邓老师表示感谢，很快便收到他的短信，笑说我们作为岳麓山下的邻居那么多年（我读硕士、博士的中南大学与邓老师所在的湖南大学，同在岳麓山下），竟然没有见过面，实属遗憾。后来我断断续续会在节日时给邓老师发个问候短信，平时并不好意思打扰。2015年3月份，邓老师问我是否愿意参加当年7月份在上饶举办的“尊德性与道问学：纪念朱陆鹅湖之会840周年学术研讨会”，这样的参会机会我自然求之不得，于是开始认真准备参会论文。这次会议是我参加的第一个书院类会议，甚至可以说是我参加的第一个正式学术会议。凭着在网上看到的邓老师照片，我成功在餐厅找到了他。这是我第一次与邓老师正式见面，之后又多次在书院类会议上与邓老师相遇，一直得到他的鼓励与支持。

今年（编者按：2019年）当我请邓老师为拙著《涵养德性——中国古代书院教育研究》写序时，他也是痛快答应，这让我深受感动与鼓励，更加坚定信心要在书院研究领域不断耕耘。

对邓老师的访谈是2018年12月在天津问津书院完成的，谈到了岳麓书院导师制，谈到了利用新媒体传播书院文化，谈到了邓老师带领团队完成的大部头著作《中国书院文献丛刊》（第一辑），还谈到了关于书院学学科建立等很多书院研究的重要问题，对我来说又是一次不可多得的学习机会。

该文稿在凤凰网国学频道发表后，我又在自己创办的“书院研究”公众号推送，并将推文分享到“2018国学院院长论坛与传统文化研讨会”群，没想到被海南师范大学文学院的张震英教授“相中”，后被收入张教授主编的《中华优秀传统文化（第一辑）》（中国社会科学出版社2019年版），在此也对张震英教授表示感谢。

写于2019年5月15日

05

建设当代书院，守望文化家园

——访天津问津书院理事长王振良

书院是中国教育史上的一枝奇葩，在知识传播、著作出版、学术交流和人才培育方面发挥过无可替代的作用。天津问津书院肇始于乾隆十六年（1751），光绪二十六年（1900）毁于八国联军的炮火，是津沽历史上建筑规模最大、持续时间最久、社会影响最盛的民办教育机构，曾是文人名士读书聚会的重要场所和天津雅文化中心。2013年复建的问津书院以“追寻津沽记忆，守望文化家园”为宗旨，以“读懂天津，留住乡愁”为目标，积极推动天津历史文化资源的抢救、保护、挖掘与宣传。2014年，书院被天津市新闻出版局授予“示范津城书吧”和“我心中最美的独立书店”称号；2015年，书院被中国阅读学研究会授予“华夏书香地标”称号；2018年4月，问津书院和书院理事长王振良先生，分别获得中国新闻出版研究院“全民阅读优秀推广机构”和“全民阅读优秀推广人”称号。经过五年多的发展，问津书院目前已成为天津市重要的文化地标，在建设书香城市、传承天津文脉、培育津城文化方面发挥着重要作用。笔者于2018年12月实地调研问津书院并专访了王振良理事长。在谈到问津书院的现在与未来时，王振良谦虚而坚定地说：“我们的成绩来自各方的共同努力，我们的宗旨依然是传播天津文化，我们的目标是把书院做得更好更强。”

以下为访谈实录。

杜华伟（以下简称杜）：王老师您好，首先感谢您接受访谈！问津书院在不到六年的时间里，取得了非常显著的成绩。今天想请您谈谈问津书院在推动乡土阅读、著作出版及当代书院发展方面的经验与感想。

王振良（以下简称王）：谢谢杜老师的访谈。五年多来，问津书院在讲座论坛、著作出版及推动市民阅读方面取得了一定的成绩，也积累了一些工作经验，借此机会分享出来，希望能对其他民间书院和民办刊物有所启发。

杜：传统书院复建是发展当代书院的一条重要途径，请您先介绍一下历史上的问津书院和复建后的问津书院。

王：古代问津书院在今天的天津老城厢南门里，距鼓楼50米处，

▪ 2018 年，杜华伟女士采访王振良教授

建于乾隆十六年（1751），毁于光绪二十六年（1900）。书院由当时大盐商查为义献地、长芦盐运使卢见曾捐资建造，著名学者钱陈群为书院题写了“学海堂”匾额。该匾额后来由李鸿章的老师、同治年间主讲书院的李铁梅补写。担任书院主讲的均为各地著名学者。书院正中为三间讲堂（即学海堂），前为大门，后为山长书室，四周环以 64 间学舍，占地面积 2000 多平方米，其中建筑面积有 900 多平方米。

新问津书院筹设于 2013 年初，6 月 29 日由著名学者冯骥才正式揭牌，匾额由津门文史前辈来新夏先生题写。书院致力于天津地方文化研究、交流和推广，通过一大批文化学者的共同努力，打造了“问津讲坛”“问津文库”和“问津年会”等文化品牌，出版了大量有关天津文化的论著，也带动了市民参与阅读、口述天津的热情。

书院共分为三个部分：一楼书吧“双槐书屋”，有各种藏书过万册，供市民免费阅览，不定期举办文化交流和阅读推广活动。二楼藏书室“雅雨堂”，存有各类文献图书逾 5000 册，全部来自社会捐赠。三楼报告厅“学海堂”，是书院举办文化活动的主要场所。成立近六年来，问津书院共举办“问津讲坛”60 期，“海河名家读书讲堂”31 期，问津学术年会 5 届，编印了《问津》《开卷》《参差》和《品报》四种内部交流资料以及《问津文库》和《天津文献集成》等著作，举办了 10 余场天津历史人物学术讨论会及座谈会、纪念会等。

杜：近年来，随着人们对现代教育的反思和对传统文化需求的增加，当代书院在全国各地纷纷创立，每所书院都有自己的特色与个性。那么，您认为问津书院的独特之处在哪里？

王：首先，问津书院有明确的定位。无论是讲座还是年会，无论是大部头的著作还是内部交流的小册子，始终围绕天津文化展开。书院成立前，我主编的《天津记忆》已经做了五年多，总计印行 130 期，这其实是此后“问津文化”的滥觞。《天津记忆》是以天津市建筑遗产保护志愿者团队名义编印的交流资料，旨在实践团队“保护建筑遗产，记录历史变迁；探求地域文化，留住天津记忆；倡导城市美学，推动公众参与”的行动准则。正是那五年多形成的基本队伍和积累的运作

▪ 2020年，王振良先生参加“第三届中国全民阅读年会”留影

经验，使问津书院能在成立后短短几年内取得进一步的成绩。书院定位于研究与传播天津文化，《问津》其实可以说是《天津记忆》的延续与提升。我们的《问津》系列不只看重学院派研究，同样注重民间学人的力量。书院附近住着一位天津文化的爱好者，经常来书院听讲座或看书，偶尔也能在报纸上发些小文章。后来在我们的鼓励支持下，他花了整整两年时间采访书院附近的居民，完成了《巷肆前尘：民间语境下的军民、团结、抗震、胜天四里巷》一书，该书已经被列入《问津文库》的“沉海文丛”系列公开出版。这样的例子还有好几个。因为民间学者多是依靠个人兴趣在做事，所以他们不求物质回报，而且这种民间研究更具独特视角和真实体验，所积累的口述史料多是具有抢救性质，是将来研究天津文化不可多得的文献资料。2016年6月8日，石家庄文史学者彭秀良在《来自民间的文化担当最可贵》一文中写道：天津问津书院邀请散落在民间的各类文化高手“各显神功”，“收获的不仅仅是一套书，而是民间文化力量的大聚合，将来或许会显现出更大的力量。从历史的视角观察，许多文化成果都是起源于民间，最后经过政府或其他途径的肯定与推介，才在历史上留下了显赫的名声，最终得以流传下来”。

其次，问津书院直接观照市民的文化需求。建院之初就启动的“问津讲坛”，每月一次，每年十期（春节和12月各停一次），由民间学者与学院派专家交叉授课。讲座注重知识性、学术性与普及性的结合，内容涉及天津历史文化的方方面面。“海河名家读书讲堂”于2018年3月启动，面向全国聘请具有较高知名度的专家学者主讲，其主题多样，内容丰富，深受读者欢迎，至今共举办31期（注：笔者为第31期主讲人，讲座主题为“读万卷书，行万里路——我的书院之旅”）。这些活动都是免费开放的，一楼的公益书吧也常年对外开放。每年12月底召开的“问津学术年会”，可以说是“问津讲坛”的延伸和拓展，平时讲座是一个人讲，年会则是大家一起讲。年会即将举办第六届，每届均有70位左右学者参会交流。年会并不要求专门写参会论文，但得提交一篇自己当年发表的文章，不会额外增加参会者的负担。为了方便大家把一年中最好的文章拿来交流，我们定在12月25日截稿，这时各种刊物的最后一期也都正式发行了。因为并不限定主题，都是每个人各自研究领域的论文，所以覆盖面很宽，文化的、历史的、民俗的都有，学术年会如今已变成了问津书院的“春晚”，大家都很期待，也都很用心准备。

除了讲座和年会，书院还会定期举办各种主题研讨会、读书会和签售会等，将文化研究与文化普及有机结合。如2013年举办卢靖卢弼学术讨论会，2014年举办纪念华世奎150周年学术讨论会，2015年举办纪念章钰诞辰150周年学术讨论会，2016年举办金钺先生学术讨论会，2017年举办陈诵洛与天津文化学术讨论会，2018年举办山花烂漫——张仲民俗学研究学术讨论会。此外，书院还举办过周汝昌先生百年诞辰高端论坛、李瑞林与汉沽文化学术讨论会等，对前辈学者和当代学人给予了同样的重视。尤其是为潜心研究汉沽文化的市民李瑞林举办讨论会，应该说是对民间学人的一种特殊认可与支持，这能够鼓励和带动更多民间力量加入热爱天津文化、研究天津文化和传播天津文化的行列。

再次，问津书院注重多次传播效应。讲座前会在报纸、微信公众号等媒体上发布消息，这是第一次传播。正式讲座时，听众或在现场听讲或之后通过网络收看，这是第二次传播，也是最关键的传播手段。现场听讲者还能获赠精心制作的带有讲座信息及书院标识的入场券，

▪ 2020 年，“第三届中国全民阅读年会”期间，杜华伟女士与王振良先生、《新阅读》杂志社吴凤鸣先生合影

可以请主讲人签名留念，也可与主讲者互动交流；讲座之后的“问津学术沙龙”（冷餐会）上，主讲者还可以与天津学人就当天的主题深度交流。因为主讲者都是专家学者或民间学人，他们多有自己的公众号或者微博、微信、博客，拥有各自的粉丝，这些人会通过自己的平台记录、转载讲座情况，这又形成第三次传播。讲座结束后，问津书院公众号会刊发讲座时的照片，纸媒（我们先后与《渤海早报》《每日新报》《藏书报》合作过）还会深度采访主讲人，对论坛内容及主讲专家进行整版报道，放大讲课影响力，这是第四次传播。每年十场“问津讲坛”都会有一个相对集中的主题，比如“天津民俗”“天津租界”“郊区文化世家”等，转年十篇讲稿会结集出版，同时附上十篇专家采访稿，再请专业人士写一篇万字左右的“综述”，书名定为《三津谭往》。从 2013 年建院开始，我们一直坚持在做这件事，每年 12 月开年会时，大家都会收到上一年的讲稿集，这应该是第五次传播了。“海河名家读书讲堂”于 2018 年刚刚启动，以后或许也会按照“问津讲坛”的模式进行推广。每年的“问津学术年会”论文，转年也会结集成一本书，叫作《九河寻真》。每年开年会时，大家也能收到上一年的论文集。我们专门请天津社会科学院的一位老师来写综述，这基本相当于天津历史文化年度研究的综述了。问津书院的这种多次传播模式，是其他同类公共文化机构很难做到的。

最后，问津书院还有一个高效的管理模式。出资者李云飞先生是一位很有文化情怀的企业家，他提供资金与场地支持，参与书院建设但从不干预具体运营。而我作为理事长，只管好好运营书院。书院要搞活动时，如果资金需求较多，我会拿出成熟的方案直接向李云飞先生汇报，无须经过烦琐的讨论研究审批过程，这就大大提高了决策速度与实施效率。

杜：藏书、刻书是古代书院的重要功能之一，问津书院是一座在出版方面卓有成绩的当代书院。请您重点介绍一下《问津文库》。

王：《问津文库》是问津书院与天津古籍出版社、天津社会科学院出版社合作推出的系列丛书，包括《津沽名家诗文丛刊》《津沽笔记史料丛刊》《津沽文化研究集刊》《通俗文学研究集刊》《天津记忆》《名人与天津》《三津谭往》和《九河寻真》等多个子系列丛书，目前已正式出版近80种。

《问津文库》探索出了一种新型合作出版模式。从公益角度讲，四个合作方都是奉献者：书院提供排版和印刷经费，出版社负责审校和出版工作，作者提供稿件同时放弃稿费，主编无偿组织协调和编校稿件。从世俗角度讲，四个合作方又都是受益者：书院成果看得见、摸得着，既营造了企业文化氛围，也提升了社会认知度；出版社快速打造出文化品牌，短期内经济效益可能不高，但社会效益极好；天津地方文化类书稿，长时间以来备受冷落，要出版大都要走资助渠道，纳入文库能不花钱就公开出版，同时作者还能获赠100部书，实际上相当于以书代酬；而作为主编者，显然可以通过策划组织大型丛书出版来提升社会影响力。其实综合来看，受益最大的还是作者（尤其是初次出书的作者）。这种四方合作模式，不但解决了作者出版难的问题，而且“问津文库”的整体包装推广（如每年正月初五集体签售，正式报刊发表书评，各类书展的海报广告，部分图书还与讲座、研讨会等配合），对提升作者的社会知名度和学术影响力都大有好处。《问津文库》在天津的影响已经初步形成，目前稿源十分充足，而且质量也在不断提升。

杜：《问津文库》的运行是一种有效探索，能够为当代书院提供借鉴与参考。接下来，请您介绍一下问津书院其他出版物。

王：除了《问津文库》之外，书院还刊印过四种内部资料性刊物——《问津》《开卷》《品报》和《参差》。

《问津》杂志自2013年1月起，每月印行一期，内容主要围绕天津历史、文化、民俗等展开，汇集保存了大量天津学人的研究成果，截至目前已印行近70期。《问津》继承了此前我主编的“小白本”——《天津记忆》的传统，但在重要性和学术性上又有一定提升。因《问津》杂志用黄牛皮纸做封面，也被朋友们称为“小黄本”。《问津》每期封面都印有英文“探索天津”，这其实与书院“读懂天津，留住乡愁”

▪ 2018 年，杜华伟女士调研天津问津书院

的宗旨十分契合。

《开卷》由南京开卷书坊编印，是在读书界有着巨大影响力的刊物，已走过18年的历程。2014年1月开始《开卷》与问津书院合作，每月印行一期。2014年10月，由《开卷》杂志策划的《问津文库·开卷闲书坊》（人民日报出版社出版）在京首发。截至目前，《开卷文丛》《开卷书坊》和《开卷闲书坊》等“开卷”系列丛书，已出版发行百余种。

2014年1月起，书院接编电子版内部交流资料——《品报》，每季推出一期，主要发表和转载关于民国北派通俗文学的文章，在通俗小说研究者和爱好者中有相当的影响力。《品报》于2010年元旦创刊，最初托名虚拟的民国通俗小说研究馆编。2013年《品报》改为季刊，同时改署天津市文学编辑学会编。2014年起《品报》由问津书院接编，其合作形式是几位编者共同写稿、约稿和搜稿（从网络上检索适合转发的稿件），自此《品报》成为展示民国通俗文学研究成果的重要阵地。后因几位编者杂务太多，这个电子刊于2016年底停编。

《参差》创办于2015年，属于专业化小众读物，关注的仅仅是毛边书，由问津书院与被誉为“国内毛边书研究第一人”的沈文冲先生合作，目前为半年刊。本刊物由沈文冲先生负责约稿、编辑等事宜，我负责排定版面，印刷费用由问津书院负担。《参差》目前印行了6期。现在计划以此为基础编辑《参差文丛》并正式出版。

杜：您在很多场合都提到了“乡土阅读”，请您对这一概念做简单介绍。

王：所谓乡土阅读，其实就是阅读乡土，对于天津来说就是阅读天津。我们期待通过问津书院的努力，让更多的人“读懂天津”。乡土阅读首先是阅读推广，只不过推广的内容全部是天津地方文化；乡土阅读必须有阅读的对象，这就离不开对天津地方文化的挖掘，既能帮助人们“留住乡愁”，也可促进“讲好天津故事”；乡土阅读所涉及的天津传统文化，自然也是中华优秀传统文化的一部分，乃是弘扬中华优秀传统文化的题中应有之义。通过这样的解释我们可以看出，乡土阅读与目前国家层面推动的三大文化政策——阅读推广、留住乡愁（保护文化遗产）和弘扬优秀传统文化都紧密联系在一起。因此，乡土阅读概念的提出、推广和实践，可以让更多的人认识乡土，植根乡土，从而建立起对乡土的热爱，最终实现爱国主义教育的目标。

杜：问津书院创办近六年来，一定有铁杆粉丝的故事吧，能否请您分享一点？

王：问津书院成立以来，已经培养了一批忠实听众，拥有了相当数量的铁杆粉丝。在书院团结的民间学人中，不少都与书院结下了深厚缘分——基于与书院的种种机缘，有的文章第一次变成铅字，有的文章第一次在报刊发表，有的著作通过书院第一次出版，还有的通过书院的桥梁逐渐真正走上学术舞台……当然，很多民间学人本身的学术基础或者说天赋就很好，只是通过在书院聆听讲座、阅读交流、参加活动，找到了各自的突破口。

我印象深刻的铁杆粉丝是曾庆丰老人。他早年因积劳成疾得了“风湿热”，接着两次车祸又使他患上了脑栓塞，最后不得不提前退休。

▪ 2018 年，王振良先生在问津书院给杜华伟女士签名赠书

为了战胜病痛，只上到小学五年级的他开始“爬格子”。后来随着身体慢慢恢复，他学习的劲头越来越大，早期的问津讲坛他几乎从不缺席。只有一次因感冒咳嗽，他怕影响别人没来，后来还专门查到主讲人井振武先生的住址，亲自上门去请教。这令井振武先生非常感动，专门给他一个人开了次“讲座”。曾老先生听讲座时，常常是笔记本、录音笔、手机、U 盘等设备一应俱全。他说自己年纪大了，怕脑子跟不上，所以准备得齐全些，记录得详细些，这样可以回去慢慢消化。曾老先生还把每期讲坛的内容汇编成册，让主讲人签名留作纪念。他说，自己每天行走在“追星”、编书、听讲座的路上，从不觉得辛苦，反而是老有所为、老有所乐的状态，这让他对生活充满了希望与感恩。

杜：古代书院除了发挥讲学论道、学派会讲的教育作用，也同样重视书院选址、书院建筑本身的教育意义。请您介绍一下书院的“问津十景”。

王：书院建筑、书院景点本身就是书院文化的一部分。重建后的天津问津书院，遴选出了“问津十景”。“十景”名称取自清代天津问津书院和新建问津书院的典故，包括梧庭水韵、槐屋芸香、集堂论道、学海谈玄、郁文呈艺、雅雨藏珍、轩台止月、楮墨传馨、竹间贮宝和梓里寻珠。这些名称醇正典雅，都有着各自的来历。与“十景”相关的书法、绘画、篆刻及版画、刻砖、刻竹、剪纸、笺谱、书签等文创产品已在陆续筹备制作。这不仅是对历史的借鉴和继承，也是对天津历史文化的一种探索与创新，还是问津书院走入公众视野的一种独特方式。随着“问津十景”品牌社会知名度的提升，问津书院也已被列入天津市河北区重要的文化旅游目的地。浓郁的学术氛围再配上优雅的自然环境，使问津书院成了天津市民读书学习的好去处。

杜：从您的网名“饱蠹鱼”就可以看出，您是一个非常爱书的人。请您分享一些自己与书、与书院的故事。

王：上小学时，我嗜书如命但却无书可读，所以但凡有文字的纸片，我都要认真地从头读到尾，包括街边的小广告、药品说明书等。到最后，甚至什么病要吃什么药我都很清楚了（笑）。每年春节前，母亲会从集市上买几斤旧报纸糊墙，那是我最开心的时候，因为一下子有那么多报纸可看。为了不影响糊墙进度，我就每张报纸只看一面，等母亲贴到墙上后再看另一面。上高中时，我和同学一起“办刊物”。到天津上大学后便不停地买书，有时为了节省开支，会把头发理得很短然后再留得很长，这样就可以少理几次发而多买一本书。本科毕业时我的藏书有1000余册，等硕士毕业时已达3000余册。毕业做记者后我仍然喜欢买书，这时网络开始兴起，我便转战到网上购书，成了最早的网购一族。

2003年时，我的藏书突破10000册。与此同时，为迎接天津建城600年（2004年），我受命编辑“图说天津600年”主题专栏，专载天津历史文化内容，这是我爱上天津历史文化之始。一年之后，我又受命撰写与天津小洋楼有关的文章，促使我最终成为天津历史文化的研究者。这些关于小洋楼的文章，后来被整理成《荏苒芳华：洋楼背后的故事》于2014年出版。我觉得，对小洋楼进行身份确认，寻找小洋楼曾经的主人，不但是文化遗产保护的重要环节，也对研究相关人物、宣传天津文化有很大意义。在长期实地考察与人物访谈的工作中，我总结出一套“三重证据法”，即一幢名人故居的确认，要经过相关联者的指认、文献资料的定位和实地考察的补充，亦即人证、书证和旁证的结合。这本书，对于天津历史建筑的文化探微做出了一些贡献，也为建筑史爱好者及业内人士提供了一定的考据成果。

2008年，我的藏书达到30000余册。这时，我开始与友人自掏腰包创办《天津记忆》，这在某种意义上成为我后来创办书院事业的开端。《天津记忆》虽只是32开的小册子，但也很有特色。它以记述天津的人、事、文、物为主要内容，尽量挖掘搜求津门的往事陈迹，举凡先贤时彦、风土人情、语言物产无所不包。这吸引了更多读者了解本土故事，增进乡土感情，也使我拥有了更多研究天津文化的朋友与同道。

2013年，因为机缘巧合，我与李云飞先生一起创办了问津书院。书院就是围绕着书、围绕着读书人而开展活动的。在这里，我又创办了《问津》民刊，可以说是将《天津记忆》以新的形式延续了下来。

▪ 杜华伟女士2018年问津书院讲座海报

在这里，能遇到更多的爱书人、读书人、写书人，大家一起读书聊天、品茶论道，非常开心。其实，书院的故事还有很多。比如，有一次我看到有位农民工在进书吧前，又跺脚、又搓手、又掸衣服，他对书和书吧的敬畏、对知识的那种渴望，真的让人很感动。还有一次，一家三代人——姥爷、母亲和孩子在书吧读书，碰巧被一位摄影师记录下来，他们三人拿书的姿势和阅读的神态竟然极为相似，这可以算作是文化的“遗传”吧。看到那一幕，你就会觉得这个书院的存在是有价值的，我们的努力付出是有价值的。

杜：问津书院已经走过了快六个年头，今年刚刚举办了五周年纪念活动。接下来的几年，您有什么新的打算？

王：问津书院成立以来，逐渐走出了一条自己的道路：民营企业家支持赞助，志愿者组织策划，参与者无偿付出，每一方的角色都是在发展中通过自觉“遴选”出来的，大家都在用心合作而不过分计较利益得失。其实早在书院成立之初，就已规划了八年的发展方向，按照近期（2013—2014）、中期（2015—2017）和长期（2018—2020）分步实施，而实际进展速度又大大超过了我们的预期。

在总结发展经验的基础上，问津书院未来会从以下几方面努力：一是继续讲座、年会等常规活动，这是回应广大市民文化需求的最直接、最便捷和最有价值的活动。二是进一步创新服务内容和方式，在注重学术性与系统性的同时，增强书院活动的趣味性和互动性，使服务的人群能够更宽泛一些。三是加强与其他书院的交流合作。当代书院真正发展起来就是在近十多年的时间，大家都还处在不断探索之中，加强交流合作能借鉴他人有效经验而少走弯路。四是继续发挥学院派与民间学者的力量。我们并不缺乏有学问的专家学者，但是我们缺乏肯下“笨”工夫的专家学者。民间史料的价值，主要在于发现，而这种“发现”恰恰需要些“笨”工夫。五是充分利用新媒体，继续做好多次传播，使更多人了解天津文化、热爱天津文化，让更多人能了解书院教育、受益于书院教育。

杜：谢谢王老师接受访谈，希望问津书院在您的领导与管理下，能沿着已有成绩继续努力，在传播天津文化、建设书香城市、推动当代书院发展方面发挥更大的作用。

王：谢谢，也祝您的书院研究能取得更丰硕的成果！

结 语

在采访过程中，王振良先生多次提到“做事一定要好玩，要善于发现故事”。他说：“所谓好玩，于个体应当有趣，于他人应当有益，于社会应当有用，只有这样的平台才有可能坚稳牢固，不受或者少受外界风浪影响。”是的，他的工作，他的生活，总是围绕故事而展开。当年关注城市建筑是因为“好玩”，挖掘天津历史是因为“好玩”，搞出版是因为“好玩”，写小洋楼的故事是因为“好玩”……现在，除了担任学校的教学工作，他仍花很多精力在问津书院的发展上，他依然觉得这是“好玩”的事，而并不是因为名或者利。也许，正是他的这份乐趣与坚持，才让他之前的所有积累都为问津书院发展奠定了基础，才让问津书院在短短五六年间就取得丰硕的成果。从“问津讲坛”到“问津学术年会”，从《问津》杂志到《问津文库》再到《天津文献集成》，从《品报》到《开卷》和《参差》……问津书院为民间刊物的发展，也为民办书院的发展提供了借鉴的范式。“追寻津沽记忆，守望文化家园”，这是问津书院不变的追求，也是王振良先生不变的追求。祝愿问津书院将来能有更好的成绩！

2018 年 12 月 23 日访谈记录

2019 年 1 月 23 日整理完稿

2019 年 1 月 25 日首发于凤凰网国学频道

访谈者杜华伟，哲学博士，兰州交通大学副教授，硕士生导师，中国书院学会理事，安溪凤山书院文化建设学术顾问，《中华优秀传统文化研究》编委，研究领域为书院文化与思想。

受访者王振良，天津师范大学新闻传播学院教授，天津问津书院理事长。

【一点题外话】

2018年8月30日，“书院研究”公众号创办不到一个月之际，我在朋友圈看到崔文川老师分享王振良先生的《天津问津书院与乡土阅读》这篇文章，觉得“乡土阅读”这个概念提得非常好，想转载分享，但不认识作者本人。按照惯例，我分享文章时尽可能联系到作者本人，并征得对方同意。于是，我便委托崔老师征求意见，很快得到了王振良先生的回复并互相添加了微信。

10月份，在山东尼山圣源书院参加中国书院学会第五届年会时，我与王振良先生第一次见面。后来，12月底我有幸受邀赴问津书院以“读万卷书，行万里路——我的书院之旅”为题做学术讲座。讲座前一天，王老师接受了我的访谈，洋洋洒洒聊了两个多小时。当时，距离12月29日的“第六届问津学术年会”还有六天时间。于是，等文稿于2019年1月23日整理完成时，为了将文中的“学术年会已举行五届”变成“六届”，也为了不显得自己做事太拖沓（整理文稿整整花了一个月时间），我有意将访谈时间写成了“2019年1月”。但是稿子交由王振良先生审阅时，细心又严谨的他将第一段末的实地调研及访谈时间重新改回到“2018年12月”，并且在文末标注——2018年12月23日访谈记录，2019年1月23日整理完稿。他认为，哪怕是一段不太起眼的文字，哪怕是一点随手写就的流水账，都应该严格准确地记录事实，而不能随意篡改，这是最起码的学术道德，也是最基本的工作原则。于是，我不但按照他改定的模式投稿，同时，也为此前已完成的四篇访谈（均已通过网络公开发表）加注了访谈与完稿日期，并且记下这段“题外话”。当然，写这些带着温度的、有点啰嗦的题外话，也是受王振良先生《记忆的碎片——津沽文化研究的杂述与琐思》一书影响，他在每篇文章末尾都会附上一小段“纪事”。虽然只是写作当天的一些随手随心的小记，但能够还原作者当时最真实的状态。

写于2019年3月21日

06

传逸迩书香，播文化种子

——访湖南逸迩阁书院院长梁颂成教授及创办者高金平先生

创办于2018年9月的湖南逸迩阁书院，是一座独具特色的当代民办书院与民办公共图书馆。书院以“藏书、读书、品书、著书”为宗旨，以“收藏、探究、传播、交流”为目标。创办近一年来，逸迩阁书院始终坚持“自由讲学、各异宗旨、独立经营、社会共养、论辩求是、不计功利”的教育理念，发挥启迪智慧、传播文化、教化乡里、服务社会的作用。2019年4月，笔者专访了院长梁颂成教授与创办者高金平先生。在谈到书院的未来发展时，梁院长与高先生不约而同地表示：“逸迩阁书院将继续立足地域文化，扎根乡土文化，汇集多方资源，为传承优秀传统文化贡献自己的力量。”

以下为访谈实录。

杜华伟（以下简称杜）：梁院长好，高先生好，首先感谢二位接受访谈！我的研究方向是中国书院文化与思想，近年主要关注当代书院的发展，希望通过书院深度调研及书院学人访谈，对当代书院的定位、功能、机制、面临困境以及未来发展等问题进行全面系统的研究。逸迩阁书院成立以来，开展了丰富多样的活动，也取得了相当的成绩，今天想请二位谈谈书院发展现状及未来规划，希望能为更多的民办书院和民办公共图书馆提供借鉴。

▪2019年，杜华伟女士采访梁颂成、高金平先生

梁颂成（以下简称梁）：谢谢杜老师的访谈。书院自成立以来，共接待参观者近两万人。清明节前后几天，每天都有千余人参访，远方游子借回乡祭祖之机，都想亲自来领略家乡这座新兴书院的文化魅力。自去年9月份开院以来，书院联合常德市公路局、常德市社科联以及石门县劳动就业服务管理处等多家单位，开展了生动有效的主题党员活动，开发了十余处集趣味性和生活性于一体的研学基地，春节期间还主办了石门县留守儿童联欢会，目前已经在进行书院周年庆学术活动的准备工作。创建近一年来，逸迩阁书院取得了一定成绩，也积累了一些工作经验，借此机会我愿意分享出来，希望能对其他民间书院和民办公共图书馆有所启发。

高金平（以下简称高）：谢谢杜老师的访谈。能够将个人爱好转化为家族事业，进而服务于社会，这是我的荣幸。逸迩阁书院能在短短几个月内取得不俗的成绩，离不开政府、学者、家人与社会的关爱支持，在此我真诚地向每一位关注关心书院发展的朋友说声“谢谢”。也愿意将自己藏书、研究和创办书院的感悟与收获贡献出来，与同道师友分享讨教，共同推动书院教育与书院文化的建设。

杜：可以说，每一所当代书院都有一段传奇故事。作为主人公，请高先生说说自己与逸迩阁书院的故事。

高：我从小就养成了收藏的习惯，也可以说是被父亲逼出来的（笑）。父亲小时候因为贫穷没有机会读书，留下了很多遗憾，于是，就希望子女能够多读书，将来成为有学问有出息的人。我上小学时喜欢看小人书，只要我买书，父亲总是有求必应。有时候，我想偷偷买零食吃，便谎称买书而找父亲要钱，他也照给不误。再后来，为了有钱买零食和玩具，就只好不断地买书。久而久之，我就养成了喜欢买书、读书、藏书的习惯。父母为我爱读书而高兴，也就拼命挣钱供我买书收藏之用。再后来，父母做起了生意，凭着勤奋越做越好，赚了一些钱，全供我买书、买收藏品。他们虽然没读过书，但坚信知识是有力量、有价值的。

大学毕业有了收入后，买书更是成了我的“规定动作”（笑）。结婚后，岳父看到我喜欢收藏，也在资金上大力支持。经过40多年的积累，我便有了30多万册藏书，家里三层楼房全都堆满了书籍和收藏品。由于南方天气潮湿，再加上空间所限，书籍的保存与管理成了大问题。这时，家人和亲友们都积极鼓励我新建书阁。最初，只打算建个家族藏书楼以荫泽后辈。但经过认真调研，我发现全国留存下来的私人藏书楼只有3家，多数藏书楼都避免不了“人去书散”的遗憾。于是，我决定建一座公共图书馆，让书籍走向社会、服务社会。促使我下定决心的另一个原因是，随着农村经济条件的改善，人们的物质生活丰富了，精神上却显得更加空虚，打牌赌博者有之，打架斗殴者有之，甚至吸毒者也有之。这让我想到一句谚语：“世界上多建一座图书馆，就少建一座监狱。”我希望人们通过书籍获得内心的满足，通过阅读提升文化品位。

这时，适逢当代著名思想家、教育家、北京大学文化资源研究中心主任龚鹏程先生旅湘，先生得知此事，亲临考察并提议采用“书院”之名，而且亲自为书院题写门匾。就这样，在母亲和岳父母及两大家族的共同努力下，一座当代最大的民办书院在湖南石门易家渡镇拔地而起。2018年10月10日，龚鹏程先生为书院揭牌，同期举办的“首届传统文化与现代书院”国际学术研讨会，拉开了逸迩阁书院著书立说、服务社会的序幕。这就是我和逸迩阁书院之间一段美丽的传说（笑）。

杜：您的母亲在建书院的过程中承担了大量工作，这对于一位70多岁的老人来说实属不易。我们总说，一位伟大的母亲对孩子的影响是无价的，您认为自己从母亲身上学到了什么？

高：能在390多天内高效建成面积3000多平方米的七层大楼，可以说是奇迹，同时也是必然。在此过程中，母亲呕心沥血，起早贪黑，每天都忙碌在工地上，完全忘记了自己已年过古稀。为了节约资金，逸迩阁书院建设实行包工不包料，我母亲既当采亲自采购建筑材料，主管大楼修建。原本需要一名操作提升架的工人，当得知请工人每月工资要4500元时，老人决定亲自操作。母亲白天在工地上劳作，每天早、中、晚三次给地面施水，督促施工材料及时到位，常常深更半夜才回家。到家后还得给工人记工，打电话通知安排次日的施工事项，忙到凌晨一两点钟是常事，五点钟又得起床干活。一天夜里十点多，突然下起了大雨，为了防止房屋刚刚打好的地面被雨淋湿，母亲独自一人抱着塑料布跑去遮雨。她一手打着手电，一手扯着塑料布，迎着风雨，反复多次，才终于铺好。忙完，才发现全身早已经湿透。

让我印象最深的是，母亲 70 岁生日那天，我和妻子下班后从常德城区赶回石门给母亲祝寿时，看到母亲站在即将封顶的七楼，正弯着腰给楼顶施水，神情专注的她甚至没有做任何防护措施。那一刻我真的既感动又愧疚，为了实现我多年的愿望，为了逸迩阁书院早日建成，母亲付出了太多太多。这辈子，母亲生活极其节俭，但在慈善面前，她却从不含糊。2002 年，她为临澧县新安镇龙凤村遭受洪灾的农户每户捐款 2000 元，共计捐助善款 38000 余元；家住临澧县烽火乡陈仪村的庞小军，母亲患有精神疾病，父亲也不幸患病离世，从初二开始，我母亲每学期资助他 2000 元学费，总共资助 30000 多元直到他大学毕业……

最近，母亲获得“湖南好人”助人为乐类网络投票第一名，这是对母亲多年来付出的回馈。从母亲身上学到的善良、坚韧、执着、勤奋，

▪ 2019 年，杜华伟女士向逸迩阁书院赠书

是我为人处世的信条，也是激励我办好逸迩阁书院的强大精神动力。

杜：请问梁教授，您是在什么样的机缘之下加入逸迩阁书院团队的？

梁：我是金平师范时的班主任。80年代读师范时，他就表现出极强的管理才能与组织能力，善于展示自己，并且喜欢读书、思考，喜欢向老师提问。中师毕业时，他以优异成绩被保送至湖南师范大学教育心理学专业进一步深造，在那里四年的系统学习，进一步充实了他的专业知识，也使他的视野更加开阔。毕业后在教育部门工作多年，他买书、藏书、读书的习惯也始终未变。在这期间，他也一直与我保持着联系。

当他就建书院一事征求我的意见时，我表示非常赞同，也为他能实现多年梦想而高兴。因为他有自己的本职工作，必须有一个人来负责书院日常管理与规划，他找到我，希望我能够出任院长，这时我正好已从湖南文理学院退休，也希望能为传承传统文化尽些绵薄之力。于是，我就答应他来做逸迩阁书院的第一任院长。师生情让我加入了逸迩阁这个团队。

杜：请问书院取名为“逸迩阁”有什么特殊含义吗？

高：这个问题，很多人都问过我，觉得“逸迩阁”这个名字很有特色。首先，我的爱人姓易，这么多年来她对我的支持与宽容让人感动，所以建书院时首先就想到名字里要有“易”字或者同音字。其次，我的两个孩子分别叫“一夫”和“尔夫”，书院一定要通过他们传承下去。所以，书院便分别选了他俩名字中的一个字。最后，从字义上来讲，逸是远，迩是近，逸迩就是要一生二、二生三，三生万物，生生不息，要使书院办得远近闻名，蜚声海内外。逸迩阁要像一首歌，唱出人间之爱，诵出善德之美，育出文化之才，推动乡村振兴，惠及子孙后代。

杜：近年来，当代书院在全国各地纷纷创立，并且数量呈不断增长之势，每所书院都有自己的特色。那么，您认为逸迩阁书院的独特之处在哪里？

高：逸迩阁书院作为全国最大的民办书院与民间公共图书馆，主要有以下几个特点：

第一，丰富的藏书。逸迩阁书院藏有30多万册书籍、5万多册期刊、珍贵报纸2万多份、其他文献资料和具有文化特色的实物20多万件。书院“镇馆之宝”为全套影印文津阁《四库全书》，同时还珍藏有《龙藏》《大正藏》《道藏》《续道藏》各一套。此外，馆内有湖南省最大的方志收藏区，藏有2万余种地方志、近3000种族谱，以及湖湘荆楚文化书籍5000余种、世界学术原著5000多本、连环画2.8万册、期刊杂志创（复）刊号5000多种、中医书刊5000余种、宗教文化书籍器物3万多种。如此丰富的藏书藏品，是很多书院难以企及的。

第二，专业的团队。大儒主持是当代书院运行的重要保障。逸迩阁书院由著名学者，北京大学文化资源研究中心主任龚鹏程先生担任名誉院长。龚先生无论在书院研究还是实践方面都有很高的造诣，从建院之初的定位、命名到书院运行过程中的策划、管理都给予了专业指导。今天，我们又聘请到世界华人民间信仰文化研究中心学术顾问团主席、新加坡国立大学汉学研究中心原副主任杨松年教授，北京工业大学文化创意产业研究所所长王国华教授和高雄文藻外语大学通识

▪2019年，杜华伟女士与高金平先生在“第十六届世界华文文化研讨会”期间交谈

教育中心邓文龙教授，担任逸迩阁书院学术委员会学术顾问。

同时，逸迩阁书院也非常注重员工的自我学习。开院之初，我们派专人赴湖南省图书馆参加业务培训，赴常德市图书馆跟班学习图书编目加工、上架排序等业务实操。这次我和梁颂成先生来参加第十六届世界华文文化研讨会：一带一路场景下中国民俗文化的海外传播，也是为了开阔自己的学术视野。目前，梁院长每个月会为全体员工讲授湖湘文化专题课程。同时，我们还邀请《常德日报》记者胡秋菊，湖南文理学院教授郭虹等专家，为当地乡镇青年干部和有需求的社会人士，系统开展新闻报道、公文写作和公众号制作等课程。现在，书院公众号上开辟了“逸迩阁书院学术研究报告”专栏，连续刊发我和梁颂成先生的研究成果，将来会鼓励员工积极进行科学研究，陆续推出更多专业的学术论文。

第三，准确的定位。红色文化与本土文化是逸迩阁书院的特色。书院红色展览馆内有毛泽东主席像章、绣品、书籍与文献资料，以及贺龙等革命老前辈在澧水流域用过的枪炮等物件藏品 2 万多件，是澧水流域唯一藏品较全面的红色展馆。同时，书院藏有湖湘文化、荆楚文化和洞庭湖文化书籍 5000 余种，地方志 2 万余册。书院还成立了专门的学术委员会，出台了《逸迩阁书院研究出版基金实施规则》，重点对荆楚文化、湖湘文化、善德文化等进行挖掘整理、研究，每年资助出版（奖励）5 至 10 种图书，每种图书资助出版（奖励）额度为 3 万至 8 万元。目前，已资助出版了两部专著，即梁颂成的《朱景英集》和高金平的《螺庵诗集校注》。目前书院还拿出了 10 多万元用于资助出版《石门县志七种》《阎镇珩全集》。书院还特设了“本土作家专藏区”，鼓励本土作家积极创作。

第四，多方的支持。逸迩阁书院得到了政府、社会及家人等多方支持。石门县提出要依托逸迩阁打造“民间藏书之乡”，省市县各级方志办、省党史办以及省市县各级图书馆均把逸迩阁作为扶持单位。市图书馆在此建立了“常德市图书馆逸迩阁分馆”，并派出专业人员到馆指导书籍上架、编排等工作。广大志愿者是帮助书院顺利开馆与运行的重要力量，30余万册书籍的移库工作几乎全部由志愿者完成。2018年七八月份，很多志愿者冒着酷暑，靠抱、抬进行人工移库。据不完全统计，参与逸迩阁移库工作的志愿者超过了1000人次。我的大学同学通过微信群发出倡议，短短十多天，同学代表就将大家捐赠的1000多册书籍和10000元班费专程送到了逸迩阁，如此情谊让我备受鼓舞。

家人的支持更是我最大的精神动力。逸迩阁总投资3000多万元，全靠家族企业出资。为了把每一分钱都用到刀刃上，近3年来，一家老小没添置过一件新衣服。我爱人易琴是一名小学图书管理员，她也是一位爱书人，这么多年来默默地支持我买书藏书，毫无怨言。逸迩阁建设过程中的核心负责人仅有4人：我负责书籍采购、移库和对外联络沟通；我爱人是财务主管，所有资金账目都由她管理，书院家具、办公桌椅等必备物品均由她亲自购买。此外的工作就靠两位老人：我71岁的母亲杨春娥和73岁的岳父易先富。决定建逸迩阁时，岳父说："这是对社会有用的事，我全力支持。"书院总价值500万元的红木家具，全部由岳父的家族企业捐赠。2018年春，正值书院建设的关键时期，岳父不幸患上癌症。在长沙住院治疗的两个月，老人仍然心心念念牵挂着书院，他甚至将保险理赔的几十万元也交给我，让我一定要将书院建设好。我的两个儿子也主动参与进来，常常在工地上打下手。

第五，关注特殊人群。在市场经济快速发展的今天，很多年轻人外出务工，留守儿童成为一个庞大的特殊群体。逸迩阁书院收藏了大量儿童书籍，还设立了"留守儿童阅读区"，为孩子们提供一个可以尽情阅读、健康成长的环境。2019年春节，书院还举办了石门县留守儿童新春联欢会。

现代人由于工作生活压力产生的心理焦虑，若不及时调节，则可能发展成心理问题甚至心理疾病。所以，逸迩阁书院特别设立了"心理咨询区"，即"亲情聊天室"，这是书院顺应时代客观现实的需要，与湖南师范大学教育学院心理系和常德市康复医院联合开办的一个亲民项目。在这里，特聘的心理咨询专家，通过各种小玩具如沙台、沙包等，了解来访者的心理活动，为其提供义务咨询和专业指导。同时，逸迩阁图书馆还是中国第一家建立“爱盲阅读区”的民间图书馆，为石门县及常德市近10万盲人朋友免费提供学习服务。2018年10月11日，书院正式揭牌的第二天就举办了“提升视障人士阅读能力”座谈会，来自常德市及各区县的视障人士参加了会议，书院还特邀台湾爱盲协会理事长郑龙水先生做了专题报告。

第六，展开学田试验。书院现有15名工作人员，要维持书院的正常运转，每年最少需要上百万元的资金，目前主要靠家族企业资助和少量社会捐助。近期，书院在学田建设方面进行了新的尝试，开设了逸迩阁书院高家菜馆，让忙碌的现代人在参观书院藏品、学习圣贤经典之余，能够品尝地道的农家有机菜品，真正实现物质与精神的双重富裕。将来，我们还会在政府购买服务和其他形式的学田建设方面进行更多尝试。但我们坚持，逸迩阁永远是一家全免费开放的公益机构，绝不向普通读者收取分文。

杜：在去年书院揭牌仪式上，男主持人朗诵的《逸迩阁赋》大气恢宏，既写出了逸迩阁书院之美丽，又揭示了逸迩阁书院之责任，请您跟大家分享一下这篇文章。

梁：《逸迩阁赋》由石门县政协原副主席、著名散文家、辞赋家张天夫先生所作，由著名书法家张锡良书写，制作成了“《逸迩阁赋》墙”，成为书院一道独特的风景。其全文如下：

海天苍苍，时事茫茫。正云山生蠹，书声渐远之时，湘人金平，举家弘学，掷金空囊，折腰穷年，历时数载，书积层楼，至今秋创立逸迩阁，成图书巨富。一方民间书院，吾落墨之前无有，予束笔之后难逢。

观夫斯阁，在澧水之旁。有河东来，涛拍平湖；有峰西去，翠涌北湘。浪伏夹山，隔河钟鼓可取；云裹壶瓶，揭天飞瀑宜藏。十九峰上，雁过秋声不断；三江口边，霞送晚日渡江。云帆两岸，看逸迩读雪，武陵掌灯，明月添香。

会朝霞以登楼，晨光独秀。书叠春山，若隐竹篁。古墨生辉，清气绕梁。卷开日出，人影乱墙。有杏坛之树，枝蔽讲台；有汉唐之风，叶飘西窗。未泛五湖兮，已在兰舟；未见古月兮，已会老庄。登斯楼如入名山，踏书香而身外皆忘。

及黄昏以登楼，有声悠扬。月中低吟，随花不落。风前细语，遇寒不僵。明灯之下，细虫轻唱。蕉雨之夜，檐边书声不绝；霜草之时，卷中鹤影成行。童音琅琅兮，以为早潮；女声娟娟兮，疑为凤凰。登斯楼如泛洞庭，拥书声而心中神旷。

嗟乎！亦忧亦喜哉。疏林之下，仍有碧草。荒丘之野，喜得泉香。不叫秋老，快栽常青之木；勿让江瘦，速令书山化浪。著新篇还温旧梦，读旧书当用新声。入书斋老不还俗，遇好书永不弃舟。云烟渺渺，吾当何求？大地湖多，只饮碧波半勺；学海水深，愿倾天河一瓢。

杜：书院接受的每一笔捐赠，都会通过公众号向社会公布，请问是基于怎样的考虑？

高：据初步统计，逸迩阁书院建院以来，已收到社会各界捐赠的图书 12000 多册、现金 30 多万元，其他器物 1000 多种。我们专门制

▪ 2018 年 10 月 10 日，高金平先生在逸迩阁书院开院仪式上致辞

作了捐赠证书，注明捐赠人姓名、捐赠书籍或物品的详情，并将每一笔捐赠明细通过公众号向社会公布。这既是对捐赠人的感谢与尊重，也是书院接受社会监督的有效方式。目前，捐赠证书已达到282号，公众号共推出捐赠情况播报61期。

其中，书院学术顾问杨松年教授的捐赠值得重点写下一笔。昨天（编者按：2019年4月19日），杨教授无偿捐赠了自己几十年来倾心收藏的铜质泰国神牌与佛牌，共计330枚。这些神牌与佛牌，是泰国道教与佛教曾经并行不悖的见证，也是中国优秀传统文化走出国门的见证。这批珍贵的文化藏品，将成为逸迩阁书院读者了解中外文化交流的实物见证。非常值得纪念的是，在2018年10月10日书院揭牌当天，杨松年教授不远万里从新加坡来到湖南常德石门县，与书院荣誉院长龚鹏程教授共同主持了逸迩阁书院开院仪式。当天，杨松年教授向书院捐赠了《中国文学批评问题研究论集》《王夫之诗论研究》等9种个人著作9册，位列逸迩阁书院捐赠证书001号。

杜：近期，逸迩阁书院正在积极推进中国读书公园的建设，请问这一项目对于书院发展有何重大意义？

梁：逸迩阁书院已经成为石门县的一张新名片，“中国读书公园”更将在全国打造新的文化高地。该项目按照石门县委、县政府“文化强县、旅游活县”的战略部署，定位为“读书成就品位，文化引领未来”，经营目标是打造民间艺术品文化殿堂，将文化、旅游、创意和资本四者深度融合。

2019年3月1日，书院召开了“中国读书公园”（易家渡文化产业园）项目前期调研会。项目规划为“四馆四院（园）二中心”：“四馆”即已建的逸迩阁图书馆、拟建的石门红色历史文化展览馆、石门土家民俗陈列体验馆和逸迩阁读书主题宾馆；“四院”即已建的逸迩阁书院、北京大学文化资源研究中心石门学院、拟建的石门创意文化产业园和禅茶文化产业园；“二中心”即澧水流域文化艺术培训中心和农民文化体育活动中心。希望“四馆四院（园）二中心”项目能让民间文化成就品位，让读书促进传统文化产业的发展，打造图书魅力策源地，把石门县易家渡镇文化产业园和逸迩阁书院建设成为湖南省，乃至全中国的民间文化魅力地标。

杜：书院每个月都会评选阅读小明星，这应该很受孩子们欢迎吧？

高：作为山区的石门县，没有成规模的图书馆，留守儿童缺少优秀课外读物和良好的阅读习惯，逸迩阁书院40多万册藏书能为他们提供很大帮助。下午放学及周末，附近的孩子可以来书院看书、写作业。书院每月都会评选阅读小明星，奖励经典书籍一册，在扉页写上“祝贺某某同学被逸迩阁书院评为本月阅读标兵”，同时奖励带有逸迩阁标识的笔记本一本和圆珠笔一支。这项活动能帮助他们养成坚持读书的好习惯，并且形成你追我赶的好风气，很受孩子们欢迎。当然，我们这么做，也是提醒全社会共同关爱留守儿童，呼吁更多的民间力量加入公益阅读推广的队伍中，为营造社会阅读氛围和提升社会文明程度贡献自己的一份力量！

杜：逸迩阁书院站在一个高起点上，在短时间内取得了不俗的成绩。请问书院未来有什么新打算？

梁：在总结发展经验的基础上，逸迩阁书院未来会从以下几方面努力。

第一，继续做好书籍受捐与保存工作。第二，开展讲座、年会等常规活动。第三，充分利用现代科技手段传播传统文化。第四，加强与其他书院的交流合作。第五，吸引更多的社会力量参与书院建设。第六，提升书院的自我造血功能。第七，进一步挖掘地方文化，为湖湘文化建设做出贡献。

杜：谢谢梁教授和高先生接受访谈，希望逸迩阁书院沿着已有的成绩继续努力，在传播湖湘文化、促进乡村建设和推动当代书院发展方面发挥更大的作用，使逸迩阁真正成为石门的第三张名片，也成为中国当代民办书院的典范。

梁：谢谢，希望您能一如既往地关注与关心逸迩阁的发展，也希望我们的藏书能为您的书院研究提供帮助！

高：谢谢杜老师访谈，当代书院发展需要书院运营者与书院研究者共同努力。希望我们今天及以后的交流讨论能为当代书院发展提供更多的理论资源，也希望您能在书院研究领域继续深耕，取得更大的成就。

结 语

逸迩阁书院的落成，让石门县继“中国柑橘之乡”“中国茶禅之乡”后又多了一张“中国民间藏书之乡”的闪亮名片。书院创办人高金平先生说：“倡导读书之风，通过全民阅读，才能让更多的人提高境界、摆脱平庸，拥有更多的选择与尊严。”

“君子所其无逸自应肆学乐教，圣贤间亦甚迩何不尚友亲仁”，这幅书院头门上内涵丰富的对联，道出了逸迩阁书院的追求与使命。祝全国规模最大的民办书院与民办公益图书馆——逸迩阁书院越来越好，让逸迩书香永远传承，让读书之风吹遍三湘大地。

2019 年 4 月 20 日访谈记录
2019 年 4 月 27 日整理完稿
2019 年 4 月 28 日首发于凤凰网国学频道

访谈者杜华伟，哲学博士，兰州交通大学副教授，硕士生导师，中国书院学会理事，安溪凤山书院文化建设学术顾问，《中华优秀传统文化研究》编委，研究领域为书院文化与思想。

受访者梁颂成，湖南逸迩阁书院院长，湖南文理学院教授，湖南省社会科学院善卷道德文化研究中心特约研究员，研究方向为文献学、湖湘文化等。

受访者高金平，湖南逸迩阁书院创始人，湖南省常德市公路局党委书记、局长，常德市委特聘报告员，常德市委党校客座教授。

【一点题外话】

2018 年 10 月 10 日，我有幸参加逸迩阁书院的开院仪式及“首届传统文化与现代书院”座谈会，并在大会上发表了题为《‘图书馆+书院’传统文化传播模式探析——以湖南逸迩阁书院为例》的论文。当然，当时对于逸迩阁书院的所有了解都来自书院公众号和相关网络

▪ 2019 年，杜华伟女士在逸迩阁书院阅读

资料。身临其境，才真正感受到这座全国规模最大的民办书院的魅力与价值，感受到乡村文化建设的重要性与迫切性，感受到易氏与高氏两大家族在文化建设方面的热情与坚持。

2019 年 4 月，有幸再次受邀参加在汕头举办的“第十六届世界华文文化研讨会——一带一路场景下中国民俗文化的海外传播”学术会议，逸迩阁书院院长梁颂成先生与创办人高金平先生也同时参加会议。借此机会，我访谈了梁院长与高先生，探论了关于书院与图书馆的功能融合、关于书院学田建设、关于书院所藏珍贵资料的修复与利用等很多当代书院发展的问题，为我的书院研究提供了更多资料与思路。7 月份，我又与甘肃凤鸣书院严荣华院长和山东青山书院李维东院长赴逸迩阁书院调研。三院院长进行了深度交流，我也借此机会就当代书院研究问题向各位院长讨教，大家还一起品尝了高家菜馆地道美味的菜品。当我提出想与杨妈妈合影留念时，开朗可爱的杨妈妈说让我稍等一会，原来她特意回家换上了那条漂亮的红花长裙。

写于 2019 年 8 月 19 日

▪ 2019 年，杜华伟女士与杨春娥老人合影

07

圆十年书院梦，正古典书法名

——访甘肃凤鸣书院院长严荣华

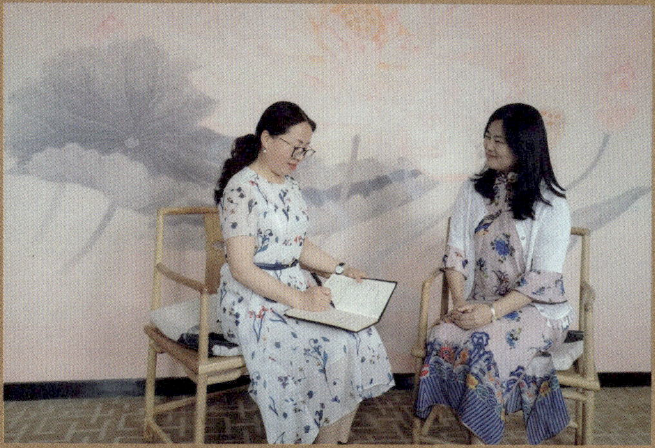

近年，当代书院在全国各地纷纷创立，数量众多、形态多样，对于推动传统文化教育、丰富民众精神生活、建设书香城市发挥了重要作用。甘肃凤鸣书院作为一个新兴书院，以“书法 +”的形式开展国学教育，集实体书店、文创产品、画廊展厅、设计中心和交流空间于一体。它始终以古典书法教学和传播为重心，致力于让书法爱好者以正确的方法学习书法，改变当代社会对书法的偏狭认知，希望影响更多人在学习书法中学习传统文化，在读书中学习书法。笔者于 2019 年 6 月实地调研了凤鸣书院并访谈严荣华院长，在谈到创办凤鸣书院的初衷时，严院长说：“书院梦想这颗种子在十年前就埋下了。我用了整整十年时间去准备，2018 年初凤鸣书院正式落地。学书法一定要像古人那样去学，要从读书、读经典开始，要了解优秀国学经典和书法的关系，理解了古人就理解了书法。”

以下为访谈实录。

▪ 2019 年，杜华伟女士访谈严荣华院长

杜华伟（以下简称杜）：严院长您好，首先感谢您接受访谈！走进凤鸣书院，扑面而来的是一种静谧与雅致，每一处细节都透露着美与和谐。我的研究方向是书院文化与思想，近几年尤其关注当代书院，希望对当代书院的定位、功能、类型、机制以及当代书院对古代书院精神的传承等问题进行全面系统的研究。您作为甘肃这片土地上当代书院的创办者与管理者，一定有着特别的体会与感悟，今天想请您谈谈当代书院发展与传统文化教育问题。

严荣华（以下简称严）：谢谢杜老师的访谈。这是我第一次知道甘肃还有人研究书院这个课题，真好。凤鸣书院于去年（编者注：2018 年）夏至之日正式揭牌，今天我们的访谈又恰逢夏至，正好是对书院这一年来发展的梳理与思考。当代书院在南方很多，甘肃可能还很少，凤鸣书院作为其中一员，愿意为传统文化教育贡献自己的力量。很高兴有机会与您探讨书院问题，希望我们共同推动当代书院研究与实践的发展。

杜：每一座当代书院的创立都有一段特别的故事，每一位山长都是故事的主角。甘肃新建的当代书院数量并不多，且运行时间都不长，还需要更多像您这样有情怀的人去推动。请您谈谈自己创办凤鸣书院的故事。

严：甘肃历史上曾有多所书院，但很可惜，目前基本上没有继续发挥书院功能的。在当代书院创办方面，甘肃省也算起步比较晚的。您说的没错，做书院绝对是情怀。其实十年前，我就有恢复老家苏山书院的想法，只是后来因为种种原因未能如愿，但是书院的雏形我脑子里一直有，书声琅琅、墨香阵阵，就像电视上的私塾学堂那样。我是民勤人，一提起民勤，很多人都会想到温家宝总理“绝不能让民勤成为第二个罗布泊”的十几次批示。近些年，随着防沙治沙工作的不断推进，生态环境有了很大改善。实际上，民勤是一个文风昌盛的小县城，自古以来就有“人居长城外，文在华夏先”的美誉。我们民勤的孩子，从小家长和老师就对我们有两个基本要求：一是要把字写好，字是门面，字如其人；二是要把文章写好，书以载道，文以载道。

我从小就喜欢书，会背的第一首诗是爸爸教的“三更灯火五更鸡，正是男儿读书时”，他还常说“万般皆下品，唯有读书高”。小时候爸爸每到周末都会带我去新华书店，四书啊、唐诗宋词啊、四大名著那些大部头，不管是经典还是闲书，看得懂、看不懂的，只要我喜欢，爸爸都会毫不犹豫地买下让我欣喜地搬回家，绝对不会说“你还小，现在还看不懂”之类的话。我想着要把书架摆满，那时候也有着小孩子的虚荣心吧（笑）。当然，民勤的孩子，基本上写作文是不会发愁的，河西很多单位的笔杆子多是民勤人就是证明。我在学生时代作文常常会被当作范文传阅，作文不是靠语文课，而是靠大量的课外阅读积累，和书法一样，都是工夫在字外的。

在做书院之前，我也从事过平面设计、企业高管的工作，但还是因为放不下书法，所以一直在寻找机会。2016年底，幸遇这座大楼落成，我租下之后亲自设计、亲自督工装修，用了差不多半年时间配家具、软装，一点一滴燕子衔泥般把这里变成了梦想中的样子。古代书院至少要有藏书、学术研究和教育的功能，我在此基础上又增加了文创、展厅和交流的区域。

杜：凤鸣书院是一座年轻的书院，也是一个有故事的书院。请您具体介绍一下书院名字的来历和书院的状况。

严：《诗经·大雅·卷阿》有云：“凤凰鸣矣，于彼高冈；梧桐生矣，于彼朝阳。”凤鸣书院取其“凤鸣朝阳”的美好寓意。并且凤非梧桐不栖、非醴泉不饮、非竹实不食，象征君子的高洁品格。凤鸣书院致力于打造一个“载道”的人文空间，立志让更多热爱传统文化的人士有一个精神家园，影响更多的人拿起书本重返经典，让更多书法爱好者通过正确的方法学习书法。

书院长期开设少儿国学课、书法课，成人国画课、书法课、花道茶道等传统文化课程，同时开展成年人的“静雅之行”书法+文化活动和少年儿童的优秀传统文化研学活动，未来还会进一步打磨课程内容。我一直希望能促成鲍鹏山教授创立的“浦江学堂”落地甘肃，让小孩子能系统完整地学习四书五经这些经典中的经典——元典，恢复古代小孩子学习的蒙学，因为现在很多社会问题都是由于蒙学缺失而导致的。同时这些元典也是学习书法的基础，是人生的底色。

杜：书院宗旨是确定书院发展方向、课程内容设置及日常活动开展的重要因素，请问凤鸣书院的办院宗旨是什么？

严：我做书院的初心是想让当代人重返经典，重拾优秀传统文化，追本溯源，用正确的方法学习书法。凤鸣书院的宗旨可以说是横渠四句中的“为往圣继绝学”，虽然听起来有些大，但这的确是书院发展的核心理念。

杜：您所提到的“古典书法”与现代书法有什么区别？它的精髓是什么？

严：众所周知，书法有“法”，这个法来自中国优秀传统文化，我们几千年来的主流价值观是有道法的，背离了道的书法是没有灵魂的。古人在书法上的顶层设计融入了先哲的智慧，而书法所承载的“道”就是古人的价值观，书法和儒、释、道都是相通的，理解了古人就理解了书法。知道才能做到，所以学书法一定要从国学学起，先学理论、先得“道”，懂得了道法，再加上技法的学习，即可事半功倍。简单地讲，古典书法重“载道”，而现代书法偏重视觉艺术。

凤鸣书院的书法教学特色就在于，对书法的教学不是单纯的技法教学，而是从文字、书体的演变、书法史、笔法的演变入手，先让学习者理解国学经典和书法的关系，道法、技法同步教学。我们主张少儿学书法，应该从读书起；成人更是应该读书，不但要通读书法史，能讲书法史，还要了解中西哲学，端正书法认知，其次才是技法练习。国学的元典中无一不渗透着古人的智慧，不论是老师的专业讲解，还是研学者集体诵读，学习经典都能够让我们离智者更近、离圣贤更近。

其实真正的书法并不需要去创新，甚至需要“守旧”，需要老老实实去学古人的经典。这些年，书法的展厅化运动让我们的书法离古典越来越远、离本真越来越远，学书者更多追求的是一种视觉效果，混淆了中西方美学的差异和承载，把书法变成了单纯的写字甚至画画、设计，就字论字的艺术加工。很多人忘了书的本体是什么，也没有从词源学上去考证什么是“书”。当你知道了“书”（書）是人的右手

▪2019 年，杜华伟女士调研凤鸣书院

拿着毛笔让毛笔去说话，当你知道了“笔有四德”，看到左手写字的、拿拖把写字的、用脑袋写字的、用针管射字的人时，你就不会把这些“大师”称为书法家了。当然，也有很多人会说书法一定要创新，要有自己的个性。其实，这个道理很简单，书如其人，一个人要变得优秀，不是光靠整容就够了，而是要不断提升和丰富自己的学养和内涵。一个书法家首先必须是一个学者，学、养兼修到一定程度，你的气韵、气质自然会展现在字里行间，藏都藏不住，那就是你的个性、你的风貌。

杜：书院的书法教室为什么叫“大书精雅”学堂，请问其含义是什么？

严：“大书精雅”是凤鸣书院已注册的品牌，它代表了一种“国学＋书法”同步授受的书法教学方式，这是百家讲坛《书法档案》主讲人于钟华老师率先在古典书法教学中提出来的。唐代孙思邈的《备急千金药方》中有一篇文章叫《大医精诚》，就是讲对医生的要求，认为看病是“致精致微”之事。同样，学习书法我们也有一个要求，即“大书精雅”。“大书”有两个含义：一是指大书法家，就是受人敬仰、影响力大、不受时空限制的书法家；二是指书法作品，相当于古人讲的“法书”，时空穿透性很强，能够成为别人的取法对象。所谓“精”是指向技术性的，即业务能力，写得精到、入微；所谓“雅”是指向艺术性的，即写得雅致、和谐，是一种境界。其实书法也是人伦关系、天人关系的一种投射。比如“林”字，其中的两个“木”必然要有一个捺化成点才和谐，这就如同家庭里的夫妻二人，一定要有一方懂得谦让，双方互相体谅包容，家庭才会和谐美满。又比如“和”字，右边的“口”就要写得比较小。除了“口”字框，其他凡是内含“口”这个构件的字，“口”一定要写得小，一方面是因为这个构件从肢体上来讲它只有体而没有肢，或者说性格是“内向型”的，而从道的层面其实就是提醒我们要“讷言敏行”。所以说，书法并不是单纯的写字，字的构件之间、字与字之间，就像人与人之间的关系。书法其实就是东方哲学，就是“道”，里面有伦常关系。

杜：我有注意到，凤鸣书院每间屋子的名字都很有深意，而且门牌设计也特别具有中国风，契合了书院这种古老教育组织的灵魂。

严：这些取名来源于《大学》八条目——诚意、正心、格物、致知、修身、齐家、治国、平天下。教室是格物致知，茶道花道室是修身，名称与内容刚好契合。我自己的办公室取名“平天下”，有人说我一个弱女子口出狂言，其实，这里的“平天下”当解为“平心，平天下”。“事当两可要平心”的平，心平了，气和了，天下也就平了，也是我对自己修炼的一个愿景吧。在这里阅读经典、习练书法、关注社会、教学相长，让自己沉静下来，有所沉淀，如果能成为一个有影响力的人，才能更多地去影响别人。

杜：夙有“邓书院”之称的岳麓书院邓洪波教授说：“书院是中国读书人围绕着书，开展藏书、读书、教书、讲书、著书、校书、刻书等各种活动，进行文化积累、研究、创造与传播的文化教育组织。”书是书院的基础与本质，请问凤鸣书院在藏书、讲书、著书等方面的情况如何？

严：书院一共有三个藏书的地方，楼下有樊登书店、蓝妹妹童书馆，楼上有秋树根书房。其中樊登书店内多为面向大众的畅销书，是我引进的一个响应全民阅读的知识付费项目；蓝妹妹童书馆多为儿童读物；秋树根书房里国学经典、书法法帖类书籍是特色。目前藏书还在不断扩充中，都是我挑选的，虽然耗时但都能契合书院自身特点。书院除了藏书阅读与书法教学，同时也兼具保存、陈列、研究物质文化和精神文化遗产的功能。学习者在参观学习的过程中，通过了解笔墨纸砚及其他文创产品，通过讲座交流与读书分享，学习中华民族的灿烂文化和悠久历史，开阔眼界、交流心得、表达情感、增长见识。同时，我们还不定期举办新书发布会、书法雅集，并且长期坚持开展读书会活动。

杜：古代书院都有自己的学田，或官府所赐、或乡绅所赠，通过学田的运作解决书院经费问题。请问凤鸣书院是否有自己的现代化学田项目？

严：对于新成立的书院而言，经费的确是一个很重要的制约因素。我们目前正在推广的樊登书店中的这些知识付费类产品可以说是书院

▪ 严荣华院长

的一个学田项目。这些知识付费平台有强大的内容生产团队，一年365天，每周一本书，由专业老师解读，让忙碌的现代人充分利用碎片时间“听书”，听完之后有选择性地进行纸质阅读和深度学习。有人批评现在的电子化阅读是知识碎片，我倒认为它与纸质阅读并不矛盾，一般人没有阅读大部头著作的时间，也常常缺乏选择阅读内容的能力。由专业老师解读，可以帮助我们找到自己的兴趣所在，更好地选择纸质书。而且“听书”这种方式也比较灵活，可以利用乘车时间、散步时间、做家务时间进行，它能让快节奏的现代人充分利用碎片化时间的价值。并且我们樊登书店是“家门口的第三空间”，线上会员可以在线下阅读及购买实体书，喝着咖啡、闻着花香、翻着闲书，度过一个愉快的午后；或者周末带着孩子参加一场亲子读书会，都是生活里的一抹亮色。

杜：古代书院大都建在山水秀丽之处，师生一起读书、郊游、辩论，读书就是生活，生活就是读书。我看到凤鸣书院无论是周边环境还是室内环境，都非常优美雅致，是一个能让人静心的地方。

严：凤鸣书院隐藏在黄河之北的碧桂园，很多人都嫌远，但是做学问就是需要安静的地方。这个社区的环境和绿化本来就做得不错，周围的大片绿地让人心情舒畅，我很喜欢这里。书院内部的装修高度还原了古时书院的意境，白墙灰地、实木桌椅、素色窗帘、麻质桌布和坐垫等，还融入了荷花、竹子这些象征中国文人高洁品质的文化元素。这里远离都市的喧嚣，当我们踏足书院，穿行于藏书、名帖、字画和绿竹中，听着悠悠的古琴声读一本喜欢的书，安静地写一幅书法作品，或与三五好友一起品茗论道时，便能体会古时文人的那种惬意。希望更多人在忙碌的工作之余，能留一点时间给自己，到这里来读书、习字，来与朋友、与自己对话，体验一种古典文气的生活。

杜：书院虽是公益性事业，但正常运行也需要资金维持，而且真正的古典书法并不是每个人都懂。那么，在市场与理想之间，您如何平衡？

严：忠于理想，面对现实；面对现实，忠于理想吧。我建书院的初心很简单，就是想为书法做点事情，同时也是为自己学习，教学相长嘛。目前没有企业或基金会赞助，也没有申请相关文化项目，主要靠父亲支持和自己努力。也有人讲我应该扩大招生规模，实际上我招收学生要求很严格。首先家长要热爱读书，并且对于传统文化和书法、做人的关系方面认知契合，这样的家长和孩子我才考虑接收，我不想为招生而招生。

别人都说书法要从娃娃抓起，但我认为书法更应该从成人开始。所以我招生是亲子共学，不单收小孩子。因为成人有足够的阅历与体验，有足够的文化积淀，更容易理解我讲的书法的道法。理解了道法再学技法是事半功倍的，道法和技法的关系其实就是“庖丁解牛”和“卖油翁”的道理。而且，一个优秀的家长，一个有学习意识、重视传统文化的家长，本身就是一个好老师，能与孩子一起成长。

我很庆幸在我们所处的这个时代，你愿意用心去坚守，就总会得到认可。越来越多的人喜欢来书院，哪怕是泡在那里看书、上自习，我都很有成就感，同时这也成为我坚守的动力。

杜：研学是当代书院的一大重要活动，请问凤鸣书院的研学活动是如何设置的？

严：近年来，社会各界对中小学生创新教育、素质教育高度关注，让孩子出门看世界，将课堂学习与社会实践有机结合，成为老师和家长们的共识。教育部等十一部委也发文《关于推进中小学生研学旅行的意见》，指出：研学旅行是学校教育和校外教育衔接的创新形式，

▪ 2019 年，杜华伟女士与严荣华院长参加“第十一届海峡两岸国学论坛”期间合影

是教育教学的重要内容，是综合实践育人的有效途径。以弘扬中华优秀传统文化为己任的凤鸣书院，专门开设了“书法+”系列研学课程，促进理论知识和生活经验的深度融合，助推我市素质教育和全民阅读的开展。而且所有课程还能够家长陪同参与，促进亲子之间的情感交流。

书法作为中国传统文化的重要组成部分，是凤鸣书院研学内容的核心。来到书院，不论少儿还是成人，第一堂课都由我先讲解书法常识，比如我们会从词源学去揭示什么是“书”，书法之“法”是什么“法”、字法里面蕴含了什么“道”，并指导大家现场进行书写练习，感受经典法帖中的笔法。同时，我们的研学课程中还设置了花道、茶道备选环节，帮助学习者提升审美情趣与艺术情操，其他特色内容还有线装书、活字印刷体验。线装作为书籍装订的一种技艺，是我国传统书籍艺术演进的最后形式；而活字印刷术又是中国的四大发明之一，凤鸣书院研学体验让大家有了近距离接触了解古代文明的好机会。我们的研学活动主要面向兰州市中小学生、家委会组织，但也不限于此，也有外地来访者。前些时候澳门大学张昆仑书院的师生一行“甘肃丝路行研学之旅”的其中一站就安排在书院。在“大书精雅”学堂，我为大家做了《何为书法》的讲座，进行了古典书法的知识普及，并且指导同学们现场体验书写。在读书区域，大家还进行了一场“知行合一”分享会。

杜：除了平时在书院主持研学、教授书法外，您还通过什么途径去传播古典书法与传统文化？

严：书法是中国独特的艺术形式，是中华民族的国粹和瑰宝，在传承弘扬中华优秀传统文化中发挥着重要作用，甚至成为中国文化面向世界的一张独特名片。进入新时代，书法艺术从书斋走向了公共空间，我们要从弘扬中华优秀传统文化、增强文化自信的高度来认识书法艺术，做好文化惠民活动，让书法扎根生活。我自己一直在坚持读书、写字。如果不出差，我基本上每天都写字，有时饭可能都忘了吃。

作为一个读书人，作为一个书法人，我有责任也有义务去传播优秀传统文化。2018 年 12 月 15 日，我应邀做客《金城讲堂》，为兰州

▪ 严荣华院长与学员交流

市民做了题为《书法与传统文化》的专题讲座。我从中国书法的起源、演变出发，探讨了中国书法与传统文化相伴相生的关系，并结合自己近30年书法教与学的心得，讲解了读书与书法的关系、书法道法与技法的关系，让普通市民更好地理解和欣赏书法。平时我也会参与省书协、九三学社等举办的很多活动，比如参展、捐赠、义写等。

杜：您说用了10年时间让书院落地，接下来也许还需要10年的坚守才能够看得见成绩，这需要很大的勇气与担当。

严：已经选择了，我就会一直走下去。因为爸爸经常说：只要是对人类、对社会有益的事，都应该有人去做。凤鸣书院的理念“计利当计天下利，求名应求万世名”就是想表达这个意思。爸爸妈妈一直很支持我，无论是精神鼓励还是物质支持，真的很感恩我有这样的父母。书院成立一年来，得到了很多老师、朋友、同道的支持与鼓励，围绕书法开展了多种活动，在探索中也取得了一定的成绩。当然，接下来的路也许依然充满荆棘，也许书院的梦想在我们这一代还不能实现，也许需要几代人甚至更长时间的努力，但这又有什么关系呢，经历过、奋斗过就已经乐在其中，此生无憾了（笑）。

杜：谢谢严院长接受访谈，祝愿您的书院梦能真正实现，也祝愿凤鸣书院在甘肃这片大地上开花结果，为传承古典书法与推动传统文化教育贡献力量。

严：谢谢杜老师的鼓励，也希望您的书院研究取得更好成果。

结 语

整个访谈过程轻松而愉悦，犹如老朋友在聊天叙旧，尽管我们还只是新朋友。在谈到书院的现在与未来时，这位 80 后院长说的最多的一句话就是“不忘初心，忠于理想”。是的，坚守最为困难也最为可贵，希望在甘肃这片土地上成长起来的凤鸣书院，能像民勤风沙中的梭梭树一样坚强，希望严荣华院长能一如既往地坚守，陪着凤鸣书院一起长大。正如她自己书写的一幅作品中所说：人生有书可读，有暇可读，有资能读，又涵养之如不识字之人，是谓善读书者。享世间清福，未有过于此也。

2019 年 6 月 21 日访谈记录

2019 年 6 月 23 日整理完稿

2019 年 6 月 24 日首发于凤凰网国学频道

▪ 严荣华院长

访谈者杜华伟，哲学博士，兰州交通大学副教授，硕士生导师，中国书院学会理事，安溪凤山书院文化建设学术顾问，《中华优秀传统文化研究》编委，研究领域为书院文化与思想。

受访者严荣华，甘肃省青联委员、九三学社兰州市文化委员会副主任、共青团甘肃省委“国学之声”联盟专家、甘肃省企业书法家协会副主席、甘肃省洮砚协会副会长、甘肃凤鸣书院院长。

【一点题外话】

2019年4月份，从朋友处得知兰州市有一家当代书院，名为“凤鸣书院”。听闻此事，当时的心情真的可以用“激动”和“欣喜”来形容。这两年走访了不少书院，在学术研讨会上也多以当代书院发展或书院个案研究为主题发言，但所围绕的都是“外地”书院。每每有人问到“甘肃当代书院多吗？发展状况如何”时，我总是礼貌而尴尬地笑笑，没有答案。也许是甘肃当代书院太少，也许是我太孤陋寡闻，反正在此之前我除了听说过张掖的孔孟书院之外，几乎没有听到其他书院的信息。于是，我果断通过朋友添加了严荣华院长的微信，礼节性地寒暄之后，我跟她说起自己因为不了解甘肃当代书院现状而常陷入尴尬境地之事，她说甘肃当代书院确实数量非常少，同时热情地邀请我有机会去书院坐坐。随后我去凤鸣书院公众号查看了历史消息，对书院略有了解，也会隔三差五看到严院长朋友圈关于书法、生活、心境的图文。

端午节前夕，严院长发信息邀请我去书院。于是，我约好6月11日早上九点半到她那里，但因为对路况估计不足，迟到了近20分钟。尽管快到约定时间时我发了信息致歉，但还是觉得非常不好意思。当我到达时，严院长已经在一楼咖啡厅边工作边等我了。落座后没有太多寒暄便进入了主题，我一边喝咖啡，一边听她讲自己喜爱的书法，讲自己创办凤鸣书院的点点滴滴，讲她自己对书院未来的设想……聊天之间，她时而会被电话或微信所打断，因为要处理很多日常事务。

两小时的交谈很愉快，离开前我提出想与她合影，她爽快地答应并说一定要去二楼“凤鸣书院”牌匾前合影。我说过段时间还会再来进行正式访谈，她笑说希望下次合影时我俩都能变苗条些。可是，还没等变苗条我们就又见面了，中间只隔了10多天时间。这天是夏至日，是凤鸣书院成立一周年纪念日，我们在“凤栖梧”喝茶聊天，主题自然还是离不开书院。紧接着，6月23日，我带上女儿去书院体验书法课。这次，在严院长的办公室进行访谈，有录音、有记录、有问有答，依然很愉快，犹如老友重逢。女儿帮我们拍了访谈照，专门穿着汉服来书院的她也读到了喜欢的书、拍到了喜欢的照片……

再后来，我指导的兰州交通大学2017级水利水电专业的几名学生去凤鸣书院开展暑期实践，虽然只有半天时间，但孩子们收获很大，回来后还自发写了实践心得。

衷心祝愿凤鸣书院越来越好！

写于2019年8月18日

08

认真踏实教经典，专业理性做教育

——访浦江学堂创始人鲍鹏山教授

由《百家讲坛》主讲嘉宾、上海开放大学鲍鹏山教授创办于 2013 年的浦江学堂，以“传承文化、培育人格、凝聚民族”为办学宗旨，秉承“感发志意、化育气质、倡导文明”的教育理念，致力于专业、完整、系统的青少年传统文化教育。2015 年，在上海市委宣传部发起的“群众最喜爱的社会主义核心价值观项目”评选中，浦江学堂获得了第一名；2016 年，浦江学堂获得“上海市公共文化建设创新项目”。同时，学堂创始人鲍鹏山教授获选年度“感动上海十大人物”；2017 年，浦江学堂被评为上海市“市民修身行动”特色项目。这些取得的成绩中，无不凝结着鲍鹏山教授与整个团队的心血。笔者于 2019 年 7 月实地调研浦江学堂并访谈鲍鹏山教授，在谈到浦江学堂的现在与未来时，鲍教授说：“学堂成立七年时间了，除去已经毕业的六个班，现在有整整 100 个班级，这是一个值得骄傲、值得纪念的数字。全国有 3500 多个孩子正在浦江学堂学习，这是我们的成就与喜悦，也是我们的压力与方向。认真踏实教经典，专业理性做教育，我们会一直走下去。”

以下为访谈实录。

▪ 2019 年，杜华伟女士访谈鲍鹏山教授

杜华伟（以下简称杜）：鲍老师您好，首先感谢您接受访谈！关注浦江学堂以来，今天有机会与您面对面，讨论传统文化教育问题，讨论当代书院发展问题，对我来说是一次不可多得的学习机会，向您表示感谢！我的研究方向是书院文化与思想，近几年尤其关注当代书院，希望对当代书院的定位、功能、类型、机制及未来发展等问题进行全面系统的研究。您作为浦江学堂创始人及传统文化教育领域的深耕者，一定有着特别的体会与感悟，今天想请您就此谈谈自己的想法与做法，以期为更多热爱传统文化、学习传统文化、传播传统文化的人提供帮助。

鲍鹏山（以下简称鲍）：谢谢杜老师的访谈。浦江学堂从最初的1个班到现在100个班，从最初上海浦东图书馆的一间教室到现在入驻南京、深圳、北京、常熟、武汉等多个城市，是团队坚持的结果，也是老师、学生和家长共同努力的结果。今天我愿意把这些故事分享出来，希望对大家有所启发与帮助。

杜：请问您创办浦江学堂的缘由是什么？

鲍：我长期在高校任教，曾多次走进浦东图书馆开展文化讲座，也曾在百家讲坛主讲《孔子是怎样炼成的》和《新说水浒》，但百家讲坛和浦图文化讲坛的受众都是成年人，现实中很多人直到大学毕业也没有通读过一本中国传统经典。身为一名国学研究者与传播者，有感于体制教育内传统经典的缺失，社会上“国学班”“读经班”的良莠不齐，我萌生了一个念头：传承中国优秀传统文化，学习国学要从娃娃抓起。于是，2013年我立志创办一个针对青少年的公益国学班，就这样，“浦江学堂”应运而生。学堂的第一个班级“克图班”设在上海浦东图书馆，“克”取自“克明峻德”，出自《尚书》。同时我又选取明代思想家王阳明的“知行合一”一句，合成八个字作为浦江学堂每开一班排序的依据。“克明峻德、知行合一”既是我对公益国学班教育理念的表达，也是让学员们有一个“辈分”。班级名称的后一个字由每期的赞助方自主命名，比如“克图班”的“图”字就来自合作方浦东图书馆。

杜：请问您对传统文化教育提出的“四个不可以”是指什么？

鲍：面对社会上一些功利的“国学班”和封闭的“读经班”，浦江学堂提出传统文化教育不做“减法”，只做“加法”，不减去现行教育体制的任何功能，不自立一套封闭的教育体系。所以，我们始终强调要做到“四个不可以”。第一，不可以脱离国家义务教育体系，这是最基本的法律问题。第二，不可以脱离家庭，家庭生活及父母的言传身教对孩子成长至关重要。第三，不可以脱离现代知识体系。只读经典而不学习其他学科，就没办法融入现代职业体系。第四，不可以脱离同龄人的共同生活经历。共同的生活体验与经历，是与同龄人交流沟通的前提，也是朋辈效应发挥作用的基础。

杜：浦江学堂有非常严格的面试程序，请问为什么要坚持这么做？

鲍：要顺利入读浦江学堂，首先要获得面试资格。我们通常是开放 120 个面试名额，大家通过网上报名，到达上限时网络自动关闭。进入面试之后，一般按照 1/3 或者 1/4 的比例来选拔。也就是说，在这 120 个人中选择 30 到 40 个进入学堂（根据教室大小而定，但不会超过 40 个）。浦江学堂有着非常严格的面试程序，自成立以来，始终坚持家长与孩子一起面试。父母是孩子的第一任老师，家庭教育对孩子的成长至关重要。所以，我们不仅关注孩子的学习和表达能力，同时关注家长的教育理念和对传统文化的理解，家长的时间和精力分配等，这是坚持学习五年的关键。其实我们招生已经很制度化了，即便我亲戚朋友的孩子想进来，找我也是没用的（笑），都是要按照程序走。我们一直强调“公益并非慈善”，所以，学堂的规则非常严格，每学期请事假超过 3 次便要退学。如果学习过程中发现确实不适合，浦江学堂也会劝退，把珍贵的资源留给更有需要和更有能力的学员。

杜：传统文化学习是一个连续的过程，请问浦江学堂如何安排课程？

鲍：碎片化的学习没有意义，不成体系的知识没有价值，经典教育必须要有系统性和整体性。传统文化经典浩如烟海，必须要有所选择。因此，浦江学堂采用“3+2+N”模式，基本学制五年。每周末的课从上

▪ 鲍鹏山教授

午9：15到11：45，共两个半小时。前三年为“养正”阶段，小学二至四年级的学生，通过依次学习儒家四书《论语》《孟子》《大学》《中庸》，全部背诵并理解基本思想，来培养正直的品性、无邪的思想和明确的是非观；后两年为“培大”阶段，小学五至六年级的学生，通过依次学习道家《道德经》《庄子》（内七篇）和释家《六祖坛经》，来培养大格局、大眼界，蕴含包容之胸襟气度。我们一般要求报名入班的孩子都必须完成“3+2”的学习阶段。之后“N”年为“精一”阶段，在前五年系统学习的基础之上，有志学员可根据需要进一步学习与研究。学堂的目标就是创设一种环境，鼓励孩子们研习国学、与古圣先贤对话、接受经典滋养，形成中国人特有的人文气质和修养。

杜：请问浦江学堂为什么选择以上七本书作为教学内容？

鲍：一个人受教育的时间是非常有限的，在有限的时间里一定要读经典，读那些经得起时间考验的著作。经典就是自有人类起所传承下来的，能够影响人类发展的那些精神财富。它包含两个概念，一个指本民族文化的经典，另一个指全人类文化的经典。

浦江学堂自成立以来一直坚持读经典原著。首先，注重读经典的完整性。学堂里的孩子们读《论语》，整部作品五百多则，一万多字，他们都是一则一则全部读完再去读下一本书。其次，注重读经典的系统性。学堂里孩子们的学习内容，是我们精选出来能够代表中国传统文化精髓的七本书，如此系统学习可以帮助他们建立完整的中国传统文化体系。最后，还要注重读经典的次序。浦江学堂的教学顺序是《论语》《孟子》《大学》《中庸》《道德经》《庄子》（内七篇）《六祖坛经》，这个顺序是不能变的。这种教学上的安排，一方面基于孩子的认知而设定。比如，《论语》对孩子来讲比较形象，有故事，容易理解，所以他们最先读《论语》。《道德经》相对来讲比较抽象，不容易理解，所以就后读。另一方面是基于中国文化结构而设定。中国文化包含儒释道三大块，先立根本先“养正”，让孩子们懂得规则之后再“培大”。从“正”到“大”，这既是由受教育者认知的次序决定的，也是由教育目标和成长发育的次序决定的。

杜：师资始终是制约当代书院发展的重要因素，请问浦江学堂是如何解决这一问题的？

鲍：正确的教育理念与有价值的教学内容，需要真正懂国学的良师来实践。社会上许多“读经班”强调死记硬背，不求甚解，其根本原因就在于缺乏真正能讲透经典的优秀教师。浦江学堂的老师必须是文史哲专业博士，准确地说，在文史哲前面还要加上“中国古代”几个字——也就是说他们必须是学中国古代文学、中国古代史和中国古代哲学专业的，这是为了保证师资的纯粹性和专业性。因为我们只对老师做教学培训，不可能去做专业培训。浦江学堂上海区域的老师均是复旦大学、华东师大和上海师大等名校的“三古”专业博士生。同时，还有一部分高校教师参与课程研究与教学。在外地开班，最基本的要求就是当地一定要有大学，便于招到专业的老师。当然，我们对报名应聘的博士生并非“照单全收”，而是要进行严格的面试考核。筛选上岗后还要进行教学培训，引导他们把深奥的国学知识转换为小朋友听得懂的语言。正式带班后，除了专家抽查听课，每位老师还要录制上课视频，定期互评以查缺补漏，对于达不到要求的老师我们也会辞退。

其实我们的老师非常用心，在学堂的经历也促使他们不断成长。为了帮助新老师尽快适应教学，学堂编写了专门的教师用书。虽有参考教材，但很多人还会主动从《左传》《国语》《史记》等著作中去挖掘适合孩子听读的历史文化元素。每个教学组都有学习研讨群，既有对某一知识点的随机讨论，也有拟定议题的正式讨论，学堂每年还会组织一次大型教学研讨，全国各地的老师集中到浦东图书馆交流教学经验。明和班任课教师陆岩军老师说：“三年的‘四书’教学，是我不断体道、悟道、弘道、行道的过程，也是竭力将孩子们接引进经典殿堂的过程……在践行浦江学堂教育宗旨和教育理念的行程中，收获是必然的，因为只要种下一颗善的种子，只要用心耕耘，开花结果是必然的。”

杜：经典学习不能仅仅停留在理论层面，需要真正体现在学习、生活中。请问浦江学堂对学员的日常行为有什么样的基本要求？

鲍：浦江学堂学规是学堂教育理念的体现，也是对学员日常学习、生活的基本要求，其具体内容如下：

尊崇天与地，敬畏大自然；
爱家爱祖国，尊师尊圣贤；
晨昏省父母，心诚色不难；
亲戚常来往，居家和而安；
同道能相助，学友结善缘；
温良恭俭让，文质相濡涵；
情志树正直，气习要纠偏；
勿被骄奢奴，生活应从简；
行坐有规矩，言语恭而安；
课堂勿躁动，静坐听师传；
诵经当高声，朗朗入心田；
温书加勤思，方能不惘然；
进学须守时，作业及时完；
修得高贵身，勿忘世事艰；
生命在谋道，名利是尘烟；
人代无穷已，经典传千年；
天地有爱心，万物载以繁；
往圣传绝学，生民息以衍；
一身不足贵，百姓赖我安；
君子胸襟大，天下装心间。

杜：浦江学堂的公益运营模式是成功的，请您对此做一介绍。

鲍：家人、朋友、家长和社会的支持，是浦江学堂成功的重要因素。

▪ 鲍鹏山教授与小学员们在一起

浦江学堂更像一个“自治组织”，长期的实践过程中逐渐形成了师生共勉、家长支持、社会参与的公益运营模式。政府与企业提供经费、场地；授课老师、班主任和家委会共同管理。前三年孩子学习全免费，经费来自热心传统文化教育事业的机构和爱心人士捐助。后两年则由学员家长自愿赞助，筹集到办班所需成本便可开班。

2013年，当我决心开展青少年传统文化教育时，妻子表示全力支持，又幸遇时任浦东图书馆馆长张伟先生。当时开办才两年的浦图新馆要实现“文化引领”目标，迫切需要文化学者开办讲座，需要引入浦江学堂这样的文化品牌来打造影响力。于是，我们立即达成一致：我出师资，浦图出资金和场地。就这样，浦江学堂的第一个班级——克图班正式成立。此后，上海图书馆、北京朝阳区图书馆、北京东城区图书馆、安徽省图书馆等国内的众多图书馆都成了浦江学堂的办学阵地。

花甲之年的张老师、王老师，2016年从上海开放大学退休后，我邀请他们来浦江学堂参与管理工作。因为对浦江学堂教育理念的认同，他们很快就同意加入这个团队。此后的每一天，都能在学堂看见他们，和我在青海时认识的张老师一起，三个人不辞辛苦的身影。从老师面试到学员管理，从课程设置到活动拓展，他们始终参与其中，对学堂和孩子们的情况了如指掌。我们任课老师拿的课酬并不高，无法与某些课业辅导机构相提并论，但他们依然带着情怀与理想坚持授课，甚至成为“种子老师”，对新入职的老师进行传帮带。还有每班常设的班主任，不少是退休教师，对接总部、分部、师生和家委会，不计报酬也忙乐在其中。

因其公益性，学堂的管理人员有限。七年来，浦江学堂不少日常教学管理工作由家长义工共同承担。每个班级设有家委会，每周都有两名轮值家长辅助班主任做好教学管理。孩子每天的微信群诵读由值日家长进行点评，一段录音三四分钟，全班录音仅听一遍就要一个多小时，其间还要记录下语音语调、漏字错字情况，值班那周每天要投入近两个小时的时间点评，但值日家长们做得一丝不苟、毫无怨言。当然，参与教学活动和日常管理，对家长深入了解国学、深度认识浦江学堂的教育理念也起到了重要的引导作用。职业为教师的家长还是学堂教学调研志愿者，每年都深入教学点听课、总结、撰写报告，为学堂的可持续发展建言献策。德图班学员家长张巍是一名大学老师，作为调研策划者和全程参与者，他说是因为学堂“认真做公益”“纯粹读经典”的态度感动了大家，他们愿意为学堂的发展贡献力量。另外，因为公益性，学堂可以摆脱一些非教育因素的干扰，全心全意按照自己的教育宗旨、办学理念和教学目标来实施教学，教师也可以大胆进行教学方法的创新探索。同时，作为公益教育机构，学堂可以对报名学生进行挑选，对不能充分认同学堂教育理念的家长，或学习能力不足的学生，都可以合理合法地拒之门外；对不能认真学习、不遵守学堂规定的学生，可以充分享有劝退的权利，这又进一步保证了浦江学堂教育的纯粹性与专业性。

当然，传统文化教育仅仅靠公益力量是远远不够的，理想的结果就是真正纳入体制教育。目前，浦江学堂在做一些新的尝试，在上海市十多所中小学的特色课和拓展课上，学生在浦江学堂老师的带领下学习“四书”。同时，学堂还编写出版了《论语导读》和《〈论语〉

正音诵读本》，后者在书后印上了二维码，打开后即可听到孩子们标准的诵读，这为更多机构、更多学校开展传统经典教育提供了极大帮助。

杜：浦江学堂开办七年，将近4000名孩子在学堂接受了经典教育，他们的改变体现在哪些方面？

鲍：其实学员的改变从进入浦江学堂就开始了。每期开学，我们都要先上一堂礼仪课，让孩子在立志、问学、站立、行走、应答等方面得到正统训练，在他们心里播下“不学礼，无以立”的种子。我们要求学员每天上传诵读作业，刚开始需要大人提醒，到后来孩子们都能自觉按时完成，甚至外出旅行都不忘带上《论语》或《孟子》，在火车上、公园里都有过上传诵读作业的经历。每年去山东曲阜祭孔，几百个孩子冒着酷暑列队、行礼、参观，行动规矩整齐，没有半点嘈杂和拥挤。上海明和班学员陆清扬在作文里写道：“曾经，我憧憬这样的场景：‘暮春者，春服既成，冠者五六人，童子六七人，浴乎沂，风乎舞雩，咏而归。’在浦江学堂的经典学习，让我更接近这种理想的生活。在这里，我学会了做人的道理，收获了真挚的友谊，这一切都要感谢浦江学堂，是您让我走进经典的殿堂，是您让我的人生精彩启航。”2017年，学堂举办了“国学故事大赛”，之后组建了“少儿国学百人故事团”，多次到社区、学校和敬老院去讲国学故事，深受大家欢迎。去年我们组织了学员才艺大赛，孩子们个个文质彬彬而落落大方，充分展示了他们的国学功底和人文素养。今年学堂还将组织辩论赛，进一步培养孩子们的表达能力和合作意识。我们说浦江学堂不进行专业技能培训，我们专注于国学经典学习，但在此过程中，孩子收获的不仅是素养、态度，同时写作水平、思维能力和沟通能力也得到了大大提升。

杜：您认为当代书院发展急需解决的问题是什么？

鲍：目前全国当代书院发展迅速，数量众多、形态各异。有真正做教育的，但也有名不符实的。对于不规范、不专业的书院，我把它们分为两类：一类空有热情而不懂专业，一类专注市场而不够纯粹。我们认为，做书院一定要专业。一是对传统文化的专业。浦江学堂会在教孩子礼仪时适当借用《弟子规》，但绝对不会拿它当课程，因为中国古人从来没有认为它是经典。我们教的一定是经典，是原典。看我们选的七本书，真正懂传统文化的人就知道这是专业的。而且一定是从《论语》开始而不是从《道德经》开始，因为专业的经典学习是讲究次第，讲究知识的连贯性与顺序性的。二是对教育的专业。有些人对教育不够专业，认为传统文化的经典读完了，教育也就完成了。其实，教育的功能是多样的，我们在四个不可以中特别提到“不可以没有现代的知识体系”，经典学习并不能替代现代科学知识的学习。所以我们坚决不做全日制，不做封闭式读经。同时，在师资方面坚决不用江湖派，我甚至固执地坚持“宁愿用一个平庸的学院派，也不用一个极端的江湖派”。为什么呢？因为教育要中庸、要平和，要给人一个方法。江湖人有一个通病，就是总觉得他所懂的那门学问能够“包打天下”。我们的教育应该让孩子有逻辑、有常识、有理性。还有一些所谓的书院可以说有牌子没功能，没有常规活动就等于没有功能。我经常开玩笑说，有的书院大张旗鼓地搞个开幕式，接下来就没声响了。

▪ 2019 年，杜华伟女士调研浦江学堂

第二年再来看，开幕式时的鞭炮屑都没人扫，席卡也没人收（笑）。

关于教育，我一直在思考，在《教育六问》里我谈了“教育何为”“教师何为”“何为素质”“经典何为”“何为教材”等几个问题，希望教育可以回到最本质的美好与简单，可以真正观照人的内心，希望经典能走进每个人的日常生活。这本书最近将由凤凰出版社进行再版，其中会加入我的一些新思考，期待对同道有所启发和帮助。

▪ 浦江学堂

杜：2017 年浦江学堂被评为上海市“市民修身行动”特色项目，这应该是经典学习社会教化功能的充分体现吧？

鲍：“市民修身行动”是“十三五”期间上海培育和践行社会主义核心价值观的重点项目，旨在通过舆论宣传、教育培训和实际践行，引导市民群众自觉提升公民素养，自觉维护公共秩序、塑造和谐社会关系，形成与上海国际文化大都市相匹配的良好精神风貌。浦江学堂的目标不仅仅是对小朋友进行经典教育，而是通过学员影响家庭、影响社会，使经典学习体现在普通市民的一言一行、一举一动上，使我们每个人都成为真正具有中华文化底色的现代人。

杜：谢谢鲍老师接受访谈，祝愿浦江学堂站在 100 个班级这个新起点上，继续为传统文化教育贡献力量，为建设当代公民社会贡献力量。

鲍：谢谢杜老师，也希望您的书院研究取得更好成果。

结 语

多年从事师范教育的经历，让鲍鹏山教授深感真正的语文绝不仅仅是语言和文学。中国自古以来通过文教来建立“知识体系”，同时也以此建立“价值体系”，这才是语文或者说国学与众不同、特别重要的功能，在某种程度上它使中国人获得了“仁义礼智信”等基本信念。鲍鹏山教授始终强调：“教育，是为了唤醒人的生命、变化人的气质、开阔人的心胸、提升人的境界。”浦江学堂始终坚持这样的教育理念，通过经典学习来寻找教育的美好和纯粹。

访谈结束时，我收到一本封面印着孔子讲学图的赠书，这是“浦江学堂丛书”的第一本——《学习经典：感动、成长、收获在浦江学堂》。鲍教授在序中写道：“观诸古今，大凡一事之成，于事而言，须有三有；于人而言，须有三手。三有者：有价值，有前提，有承续。三手者：动手者，援手者，拍手者。”

2013 年 11 月 9 日，浦江学堂第一个班——克图班举行开学典礼；2015 年 6 月 7 日，浦江学堂走出上海，首个外省市班级——芜湖峻兴班在安徽师范大学举行开学典礼……浦江学堂从最初 1 个班级、30 多名学员，到今天 100 个班、3500 多名学员；从当初浦东图书馆一间小小教室“发芽”，到现在全国多个城市“开花”，成长为公益国学教育的第一块招牌，始终离不开的是“立足于成人教育”之价值，“补充体制教育不足”之前提和“于人文教育有所示范、于世道人心有所收揽”之承续。同样也离不开“动手做事者”“援手助力者”和“拍手关注者”。相信浦江学堂一定能越来越好，使更多人受益于传统文化教育。

2019 年 7 月 24 日访谈记录
2019 年 7 月 29 日整理完稿
2019 年 8 月 6 日首发于凤凰网国学频道
2020 年被录入《中华优秀传统文化研究》（第二辑）

访谈者杜华伟，哲学博士，兰州交通大学副教授，硕士生导师，中国书院学会理事，安溪凤山书院文化建设学术顾问，《中华优秀传统文化研究》编委，研究领域为书院文化与思想。

受访者鲍鹏山，文学博士，上海开放大学教授，中国作家协会会员，多所大学兼职教授，中国孔子基金会学术委员会委员，浦江学堂创始人。央视《百家讲坛》主讲嘉宾，主讲《鲍鹏山新说水浒》《孔子是怎样炼成的》。主要从事中国古代文学、古代文化研究，出版有《寂寞圣哲》《中国人的心灵》《论语导读》《风流去》《孔子如来》《孔子传》《先秦诸子八大家》等著作。

【一点题外话】

关注“浦江学堂”公众号很久了，对浦江学堂的情况也算比较了解，一直想找机会去实地调研，看看这座并不命名为“书院”的公益国学机构是如何开展经典教育的。这个暑假，恰逢去上海浦东参加一个纪念馆的活动，便想着若能到浦江学堂看看多好。我试着联系鲍鹏山先生并表明想参观学堂并访谈他本人的想法，没想到鲍老师很热情，丝毫没有架子，只是说自己当天的日程安排已经很满了，但听说我第二天一大早要赶飞机，还是答应在两个活动之间挤出点时间给我，这让我很感动。

按照鲍老师的安排，我先到位于浦东图书馆的浦江学堂总部去拜访学堂负责人张老师。我首先发短信向张老师表示感谢并再次确认将在下午两点钟到达约定地点，到达后，才得知他早已在办公室等候多时。大热天，学堂已放假，张老师专程过来解答我的问题，这让我再次感动。坐定，张老师递过来一瓶水，谦虚地说：“需要什么信息，你来提问吧！”于是，我们开始了愉快轻松而又干货满满的谈话。讲起学堂的点点滴滴，他如数家珍：哪一年开设了几个班，哪一年搞了什么活动，哪个老师在教学中采用了什么有效措施，哪个孩子在学习中有了很大变化……

跟张老师聊天结束，又和他匆匆赶去与鲍老师汇合。鲍老师客气地帮我点上一杯咖啡，无需过多寒暄，我们便坐下来开始正式访谈。他讲话很有激情，对经典教育既满怀信心又表示一定的忧虑，因为现实中的“国学班”“读经班”良莠不齐，有的空有热情而不懂专业，有的专注市场而不够纯粹。鲍老师反复强调浦江学堂的亲子共学，反复强调学习传统文化必须坚持“四个不可以”，反复强调浦江学堂落地的城市，一定要经过严格地考察评估……与张老师和鲍老师的交流，再次让我感受到文化人的儒雅与严谨，感受到传统文化的魅力与价值，也再次坚定了我认真做好书院研究与经典推广的信心。

写于 2019 年 10 月 19 日

09

认真办书院，用心做教育

——访中国书院学会副会长、七宝阁书院院长马一弘

书院作为一种教育制度在中国有上千年的历史，在中国文化与教育史上占有举足轻重的地位，书院的办学方针、办学模式、治学精神及人格培养方法都对现代教育有着积极的借鉴意义。成立于2004年的北京七宝阁书院，坚持“为人之道、为学之方”的传统书院精神，以“德举并进、经史词章、强体多艺”为办院宗旨，努力探索“专业化、国际化、人文化”的现代教育发展道路，15年来在童蒙教育领域深耕不辍，成为当代书院的典范。自2011年起举办的“书院传统与未来发展”论坛，每年一届，始终围绕“书院传统“和”书院未来发展”两个重要议题展开。2019年10月12日，在“第八届东亚书院国际学术研讨会暨2019年中国书院学会年会”期间，笔者有幸采访了七宝阁书院的马一弘院长。在谈到书院教育时，马院长语气温和而又坚定地说：“我们想通过书院教育，倡导老师、家长和孩子一起学习经典，一起读好圣贤书，做一个有理想、有抱负、有文化底蕴的中国人。我们读经典并不是要全盘复古，而是希望在继承传统书院精神的基础上，办一所符合新时代社会环境的书院，办一所能应对网络世界、机器人世界与生物科学高度发展世界的书院，办一所能为新时代培养人才的书院。”

以下为访谈实录。

▪ 2019年，杜华伟女士访谈马一弘院长

杜华伟（以下简称杜）：马院长，您好！首先感谢您接受访谈。作为七宝阁书院的创办者与管理者，作为“书院传统与未来发展”论坛的执行主席，在十五年的实践过程中，关于书院教育，您一定有着诸多体会与独特见解，今天想请您就有关问题谈谈自己的看法。

马一弘（以下简称马）：谢谢杜老师的访谈！其实每一次与同道交流，都促使我进一步思考书院教育应该怎么做。希望我们能共同探讨并推动当代书院发展，也希望我的办学经历能为其他书院提供参考与借鉴。

杜：每座书院都有一段故事，每个书院山长都是故事的主角。请您分享一下创办七宝阁书院的故事。

马：书院在中国有1300多年的历史，光绪二十七年（1901）朝廷下令将书院改成大、中、小各级学堂。自此，书院这种教育组织消失了，但书院精神其实一直都在，应该说当代书院的兴起属于一种传统书院的复兴现象。每个事情都有它的缘分，我创办七宝阁书院也不例外（笑）。这其实跟我以前的工作有关系，当时我在经营玉石生意，相对比较轻松，有朋友因为工作忙没时间照顾孩子，就送到我那里，希望我能帮他带带孩子，同时辅导辅导学习。孩子过来后，我发现他缺乏规矩、缺少家教，基本上属于学校不愿要、老师不愿教的“差学生”，带起来很费劲。但是我和爱人一起想办法温暖他，跟他耐心沟通。慢慢地孩子有了变化，不管是生活习惯还是学习成绩都越来越好。后来又陆续有其他朋友送孩子来，孩子多起来了，需要花费的时间和精力更多，这时我就想着办一个书院。书院教育是以培养做人为主的教育体系，当然它同时也培养能力，但最重要的是“做人”，这其实就是“为人之道、为学之方”的书院精神。我希望能够在这些方面有所作为，这就是我创办七宝阁书院的初衷和缘分。

杜：“七宝阁”这个名字有什么特别含义吗？

马：“七宝阁”这个名字有两层含义。第一层含义可做如下解释：佛家道场名曰寺，内有七宝：砗磲、玛瑙、水晶、珊瑚、珍珠、琥珀和麝香，得此七宝以安家；道家道场名曰观，道生一、一生二、二生三、三生万物即为道法；儒家道场名曰书院，中庸之道即为儒家思想。书院取名“七宝阁”，就是要立足儒家道场，持佛家安家七宝，融道家之法，兼收并蓄，借复兴传统文化之东风，续写沉寂百年的书院教育新篇章。第二层含义是：“楚国无以为宝，惟善以为宝”（《大学》）。何为善？老子《道德经》第八章里写道：“上善若水。水善利万物而不争，处众人之所恶，故几于道。居，善地；心，善渊；与，善仁；言，善信；政，善治；事，善能；动，善时。夫唯不争，故无尤。”书院取名“七宝阁”，就是要通过书院教育，培养“兼七善而无尤”的真正的人、大写的人。

杜：书院教育的宗旨是确立书院定位、运营模式及课程设置的首要因素，对书院的发展非常重要。请您解释一下七宝阁书院“德举并进、经史词章、强体多艺”的办院宗旨。

马：我们始终强调要让学生全面发展、快乐成长，“德举并进”“经史词章”和“强体多艺”三者构成一个整体。“德举并进”中的“德”是指学生道德品质和日常行为习惯的培养，也就是我们说的道德培养，培养孩子们具有卓越的人格和品质，书院特别注重洒扫应对进退、待人接物的培养，注重在生活中教育孩子，提出了“教育在生活中，生活是教育的源泉”的教育理念；“举”强调的是学习能力的培养，即认识知识、掌握知识和运用知识的能力，特别是现代科学知识，包括数学、语文、英语、生物、物理、化学、地理等科目，两者不可偏废。“经史词章”的学习，主要培养的是学生认识问题的深度和高度的思维模式，固化他们的价值观体系。经、史是基础，词、章是思维训练的整合，不是为了读经而读经，也不是为了了解历史而了解历史，是培养他们认识问题的能力。希望他们经过系统的、一以贯之的、由浅入深的学习，成为“上有中国文化的思维与价值观，下有中国文化的生活方式和民俗信仰”的，真正有中国文化底蕴的中国人。经史词章就具体内容而言，包括四书五经、诗词以及文言文写作训练。经过六年的系统学习，要求学生能够背诵部分书籍，如《大学》《中庸》《论语》和《周易》《诗经》等，对《孟子》《尚书》《礼记》《春秋左传》做到熟读，同时书院还选取了部分古诗文要求学生背诵。“强体多艺”是身与心、道与艺的成长过程。身体健康则朝气蓬勃，心理健康则阳光快乐，艺的学习是善和美的追求，是“以道统艺，由艺臻道”的体现。在课程设计上，“强体”就是通过体育课、武术课和每天的晨练，根据《黄帝内经》和四时变化合理搭配的饮食，以及充足的睡眠保持学生身心健康。“多艺”主要体现在特色课程的设置上，书院开设了文字学与书法课、古琴课、围棋课、花道茶道课等，其中着重学习书法和古琴。一到六年级每天都有一节书法课，内容涵盖了甲骨文、楷书、行书、篆书和国画等，通过小学阶段的系统学习，让学生达到入门水平，能写完整的书法作品，为以后深入学习打下基础。同时书院还会定期举办书法展，让孩子的作品有展示与交流的平台。古琴课程由著名琴人如山法师的弟子教授，经过六年系统学习，孩子可以做到指法纯正、技艺精湛，至少能够弹奏十首以上的古琴曲。

杜：“书院传统与未来发展”论坛已经连续举办了八年，为大家提供了很好的交流平台。每年的主题都有所不同，请您介绍一下论坛的基本情况。

马：当代书院复兴是在传统书院精神理念下的复兴，然而复兴不是复古，而是继承和发展。因此，继承什么，怎样继承，在继承的基础上如何发展创新，这些都是文化复兴与书院复兴的根本问题。于是，我们从 2011 年开始举办“书院传统与未来发展论坛”，旨在提供一个讨论交流的平台，充分发挥书院界、企业界、教育界和民间力量等各方优势，把书院教育这个课题做好。至今论坛已经成功举办八届，主办者和参会者的水平都在不断提升，我们的主题也在根据实际进行调整。

第一届主题是“当代书院的定位”，也就是我们多年来的论坛总题目。书院研究者、创办者和企业界文化人士共同探讨当代书院的办院模式、教学内容、教学方法和考评体制，探讨如何把中国传统文化的精神用于青少年人格化育和培养上，探讨传统文化与企业文化的结合等。第二届主题是“传统书院精神的继承和发扬”，主要解决书院精神是什么，当代书院要向传统书院学什么、怎么学的问题。第三届主题是“书院立志和启发式教育”，探讨如何通过立志教育和启发式

▪ 2017 年，杜华伟女士于七宝阁书院参加学术会议

教育，调动学生的积极性与自觉性，使他们真正成为教育的主体，使书院教育效果落到实处。第四届主题是“书院文化教育实践与发展”，古代书院为我们留下了很多宝贵财富，我们如何在实践中继承，如何进行创造性转化与创新性发展是这届论坛讨论的重点，书院的创办者与管理者们纷纷现身说法，互相取长补短。第五届主题是“书院在民族复兴中的作用”，当代书院兴起就是在中华民族伟大复兴的大背景下发生的，当代书院如何更好地发挥自身作用与价值是我们必须思考的问题。第六届主题是“家教•家训•家风”，家庭教育的作用是学校教育与社会教育无法替代的。好的家教、家训、家风是最优质的教育资源，书院教育要善于挖掘与利用。第七届主题是“师德与尊师重道”，传道是教师的首要职责，师德比师能更重要，全社会形成尊师重道的氛围是教育发展的有力保障。第八届主题是“新时代的书院发展”，关注的重点是新时代、新环境下当代书院如何继承发扬传统书院精神，如何将中华优秀传统文化落实到蒙学教育中。在八届论坛期间，我们还举办了“大学生论坛——书院文化与大学生”及“武夷山高峰论坛——书院传统与未来发展论坛暨书院与朱子文化”。今年（编者注：2019年）第九届的“书院传统与未来发展”论坛我们正在筹备中。

杜：目前全国当代书院数量众多、形式纷繁、各有特色。您认为当代书院应该具备哪些基本要素？

马：我认为当代书院应该具备以下基本要素：第一，传承传统书院精神。孟子说：“无恻隐之心，非人也；无羞耻之心，非人也；无辞让之心，非人也；无是非之心，非人也。”没有这四心就不能叫作人。所以，书院教育一定是把“做人”放在第一位。除了做人以外，我们还要学习知识，但不是灌输式的知识，而是通过课程学习去培养孩子掌握知识、运用知识的能力。所以，我认为当代书院首先应该传承“为人之道”和“为学之方”的书院精神。第二要有准确定位。传统书院有不同级别、不同功能，当代书院也要准确把握自己的特点，在找准定位的基础上，去满足某一层次人们的文化需求。第三，书院人一定要有文化担当。书院是塑造人格的地方，是培养品德的地方，而不是灌输知识与培训技能的地方，书院人要勇于承担复兴中华优秀传统文化之重任。第四，当代书院也应该具备藏书、讲学和祭祀等基本功能。藏书是书院教育的基础与保障，如果连一些最起码的经典都没有，怎么能叫“书院”呢？讲学是书院的主要功能，但我们不能只停留于理论知识的习得，必须通过经典研读与生活化育，教孩子们成为一个“讲好中国话、写好中国字、读好中国书、过好中国节、习好中国礼”的真正中国人。释菜礼和成人礼等仪式是书院人敬畏知识、敬畏教育的最好表达，当代书院应该努力恢复这些礼制。第五，当代书院教育要与未来社会发展所需要的人才特质相吻合。从历史上看，每一个时代的人才都具有鲜明的特质，特别是社会主流人才，其时代特质更加明显。人才特质与那个时代的国运、社会经济形态、国家目标紧密相关。在当前这个新时代，我们谈书院教育，那就是未来国家的人才需求与特质。现代专业能力，国际化视野和中国文化底蕴，构成了现时代教育的特质，也预示着未来人才的特质，这是当代书院教育必须面对和重视的现实情况。

杜：七宝阁书院一直强调在生活中育人，比如孩子们在端午节动手包粽子，在冬至包饺子。您觉得参与这样的活动，比起直接由老师讲授节日习俗理论，有什么独特之处？

马：儿童的品德与社会性发展源于他们对生活的认识、体验和感悟。传统节日是中华优秀传统文化的重要载体，有着丰富的文化内涵和深厚的历史背景，不同节日有不同的民俗活动。我们在节日期间把多彩的民俗活动搬进教室，让学生自己动手参与并体验。比如冬至包饺子，孩子们要学着擀皮儿、拌馅儿、捏边儿，还可以在饺子里包上钢镚，出锅时看看谁运气好可以吃到……他们忙得不亦乐乎，虽然包的饺子不一定精致，但能在冬至品尝到自己的劳动成果，是一件特别开心和自豪的事。让孩子们现场体验节日习俗，带着一份喜悦和温暖在里面，比起老师干巴巴的讲解，更有利于帮助他们了解、体会传统节日蕴含的丰富文化内涵和民族情感，从而引导他们自觉地去弘扬、传承这些节日传统，更重要的是做一个可以这样生活的中国人。

杜：古代书院“从游”是一种很好的教学方式，“学校如水，师生如鱼，大鱼前导，小鱼尾随”，师生同吃同住同学习，还一起走进大自然去体验感悟。七宝阁书院的游学活动也很有特色，请您介绍一下。

马：为了增加孩子们的体验，也为了锻炼他们的意志，每年4月15日到5月1日这半个月，书院都会组织孩子们外出游学，唯有走出去，才会有真正的见识与创新能力。每次游学活动都有特定主题，比如2017年的主题是“书院”，作为在书院学习生活的孩子，应该真正走近并了解更多的书院。在十四天的时间里，孩子们实地参观了河南嵩阳书院、湖南岳麓书院、江西白鹿洞书院和鹅湖书院等历史上的名书院，对书院制度与书院精神有了更深的理解。2018年举办的是“家风•家教•名人•名居游”，孩子们参观了无锡、苏州、嘉兴和福州等地的名人故居，在行万里路中加深了对万卷书的理解，而且参观结束后通过写心得体会又进一步梳理巩固了理论知识。2019年游学去了安徽，游学主题是“感受徽派文化”。孩子们在游学中感受徽派建筑美、宣纸、歙砚、桐城古文文化魅力的同时，进一步体会到了中华优秀传统文化

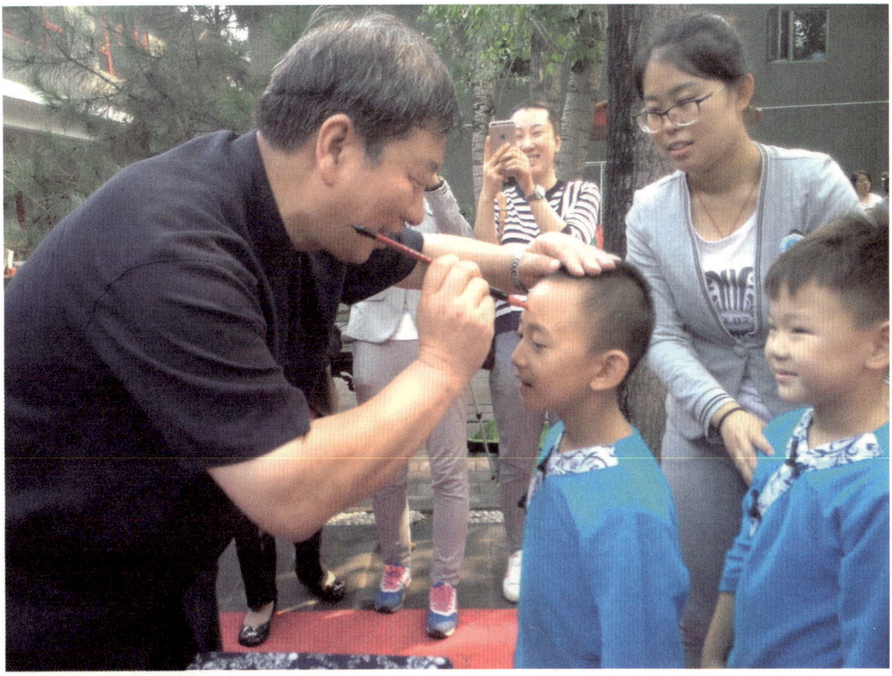

▪ 马一弘院长为孩子们朱砂启智

的自信与内涵。而且在游学过程中，孩子们会更加团结协作、互相照顾，进一步培养了团队精神与合作意识。

杜：楼宇烈先生作为七宝阁书院的导师，“书院传统与未来发展”论坛主席团主席，同时也是您的恩师，您觉得老师对您最大的影响是什么？

马：当年拜楼老师为师的时候说：跟着老师学做学问，更重要的是学做人。楼老师是我的老师，更是我的人生导师，老师对我最大的影响是教会我“用心做教育，教育是使命”。当时请教楼老师的时候，我问老师如何做好教育，老师说：“蒙以养正”，后来专门书写了匾额。为了把蒙以养正说得更清楚，老师还用小楷书写解释了蒙以养正的含义。再有就是培养人的问题，当年我问老师，做教育是培养大师和各类专家吗？比如，科学家、军事家、哲学家，等等。老师说：希贤希圣。楼老一直强调家庭教育的重要性，强调家教、家训、家风对于个人成长和社会发展的作用。他认为，家教、家训、家风的建设不仅是小家的建设，更重要的是大家的建设。从小家到大家，从家庭教育到学校教育和社会教育，每个教育者言传身教，引领孩子，进而影响社会，这一点对我影响非常大。家庭和睦是社会稳固的基础，家庭教育是国家、社会教育的重要组成部分，继承和发扬家教、家训、家风，对于当代家庭文化建设和提高全民道德素养有着非常积极的作用。我在书院教育实践中始终注意孩子们礼貌礼节和做人做事的培养。楼先生耄耋之年仍笔耕不辍，四处讲学，让我感受到了一股强烈的使命感，一定要为书院教育和传统文化复兴贡献自己的力量。

杜：书院的日常运营与管理需要一定的经费，对古代书院而言，这方面有政府拨给或乡绅捐赠的学田做保障。那么，作为当代书院，七宝阁书院在学田方面有什么样的措施？

马：为了使书院公益性教育有基本经费保障，2016 年，七宝阁书院以“教育稳固发展，增加商业项目反补教育”的战略思想创办了三家公司：书香门第网络科教公司、书香学府教育公司和轩尧文化旅游公司，想尝试做好之后成立自己的教育基金会，通过这个基金再去吸收更多的资金进来，从而用公司的经营效益解决书院的可持续发展问题，使书院能够坚持做更多的公益事业。但因为多种不可控因素，公司没能坚持运营下去，这也促使我们进一步思考当代书院的发展机制问题。

杜：优秀的教师是书院发展的保证，请问七宝阁书院在师资培养方面有哪些举措？

马：首先，我们严把招聘关，保证真正有德有才有情怀的人加入七宝阁团队。其次，书院内部注重共学活动，老师们会一起研讨教材教法，在教育实践中互帮互助，共同成长。再次，七宝阁书院专注于国学教师的培养，不但为书院提供优秀师资，还为美国华人学校和韩国七宝阁书院分院培训汉语教师。另外，我从恩师楼宇烈先生那里学到了很多，无论是做人还是做学问，都受先生影响很大。为了做好传承，我自己也收了一批徒弟，指导他们读书治学和做人做事，让他们在教学生的过程中不断自我成长。当然，我们还强调教学相长，老师也应该向学生学习。

杜：祝贺您的新作《马一弘说家教》近期出版，请您介绍一下这套书。

马：孩子成长的同时，家长也需要成长，否则就是无知而焦虑的父母。家长参与教育，学校教育可收事半功倍之效。所以，七宝阁书院开设了家长课堂，每周末下午家长来接孩子时，由我为大家讲解家庭教育的原则、方法，亲子相处的艺术等。当然，孩子在书院形成好的习惯，在家对父母也是一种潜移默化的影响。然而家长讲堂面对的只是书院家长，为了帮助到更多的父母，我结合多年从事童蒙教育的经历，编辑出版了一套《马一弘说家教》丛书。本丛书共五本，目前已出版第一期，第二期也将交付印刷。在这套书里，我想告诉家长的是，父母要如何教，孩子才愿意听、喜欢听，才能形成良好的亲子关系，让孩子与家长一起成长。

杜：请您介绍一下七宝阁书院创办的“书香学府”教育品牌。

马：家风是民风社风的根基，是社会和谐的基础，是我们立世做人的风范。民族的复兴一定是文化的复兴，文化的复兴一定是教育的复兴，而复兴教育一定要先复兴家教。家教的灵魂是书香，家教的建设就是建立书香门第。书香门第和优良家风是一种传承，未来中国主流社会的精英们，都必将是有中国文化底蕴的中国人。七宝阁书院以十年之功完成了东方智慧的基础教育，形成了“书香学府”教育品牌，其目标是培养具有“知书达礼、国际视野”品格的阳光快乐孩童。

杜：传统书院非常注重环境建设，包括自然环境和人文环境。请问七宝阁书院如何营造良好的学习环境？

马：书院的自然环境很重要，比如我们选址在郊区，远离城市的喧嚣与浮躁，在院子里设置亭台楼阁和小小耕读园，让师生在这里能真实感受到四季交替和风景变换，带着轻松愉悦的心情去学习。其次是人文环境，我们书院的楼宇建筑和文化长廊有很多中国文化元素，师生每时每刻都浸润在传统文化里。另外，还有一个叫文化语境的氛围。咱们中国是礼仪之邦，非常讲究待人接物的礼貌礼节，你到书院来，会看到小孩子和老师都很有礼貌，见面会问“您好”，有点头的，也有鞠躬的，这就是一种谦逊、谦卑的表现。“书院如家庭，师生如父子”，书院里年长的孩子会照顾爱护弟弟妹妹，年幼的孩子也会尊敬哥哥姐姐，形成了一个充满浓浓爱意的学习生活环境。

杜：请问七宝阁书院未来发展会有什么样的计划？

马：之前七宝阁书院主要面对的是小学年龄段的孩子，去年（编者注：2018 年）我们尝试进入民办教育体制，加入了一个教育集团。教育集团国学部下设小学部、初中部和高中部，由我担任国学部校长。按照七宝阁书院“德举并进、强体多艺、经史词章”的教育宗旨，我们的课程主要分为四大类：A 类为国家体制教育规定课程（德举并进），B 类为校本课程（经史词章），C 类为艺术和体育（强体多艺），D 类为国际教育内容（国际视野）。A 类课程解决的是现代化专业能力的培养问题；B 类课程解决价值观、思维方式的培养问题，解决孩子们未来认识问题的深度、高度和能力问题；C 类课程是艺术和体育，强体多艺是价值观中“美”和“善”的问题；D 类课程解决国际视野问题。这是一个 “一以贯之”的教育体系。在这里，孩子们在小学、初中阶

▪ 2018 年，杜华伟女士调研七宝阁书院

段打下深厚的国学基础，高中、大学阶段连接国际化教育，最终成长为具有深厚国学底蕴和国际视野的，符合未来人才发展需求的主流优秀人才。

目前，我们为初中部的孩子开设了《训诂学》《四书章句集注》和《毛诗正义》导读等课程，他们小学阶段在书院已经系统地学习了《大学》《论语》《孟子》《中庸》和《诗》《书》《礼》《易》《春秋》，有了相当扎实的功底。他们学习训诂学以《说文解字十二讲》为基本教材，既比较简单又具有特定的内在逻辑性。可以说，《四书章句集注》和《说文解字》等教材只是一种学习方式与途径，书院教育最重要的是孩子们价值观的确立与思维模式的构建，另外还有形而下的生活方式和民族信仰的培养。来参访过书院的人都一致评价我们的孩子“尊礼、真实、阳光”，他们的生命状态是积极向上的，是对生活充满热情的。

杜：谢谢马院长接受访谈，祝愿七宝阁书院在未来发展中能不忘初心，不断进取，取得更好成绩！

马：谢谢！也希望我们能共同推动书院教育，让更多人了解并热爱传统文化，以传统文化滋养心灵，以传统文化提升自我，以传统文化推动社会和谐发展。

结 语

“做以中国文化为主体的现代化、国际化教育”是七宝阁书院的教育理想，“站在历史发展的角度认识书院复兴，努力探索新时代书院的发展路径”是七宝阁书院不变的追求。马一弘院长始终强调：家风家教出贵子，家风家教养孝子，好家长带出好孩子。书院教育从养成孩子的良好习惯开始，不仅帮助孩子成长，还要帮助家长成长，更要充分发挥社会教化作用，使书院教育与家庭教育、社会教育、自我教育形成合力，共同推动中华传统文化和中化民族的伟大复兴。

2019 年 10 月 12 日访谈记录

2019 年 10 月 20 日整理完稿

2019 年 10 月 21 日首发于凤凰网国学频道

访谈者杜华伟，哲学博士，兰州交通大学副教授，硕士生导师，中国书院学会理事，安溪凤山书院文化建设学术顾问，《中华优秀传统文化研究》编委，研究领域为书院文化与思想。

受访者马一弘，北京七宝阁书院院长，中国书院学会副会长，国际儒联文化教育普及委员会委员，“书院传统与未来发展”论坛执行主席。

▪ 马一弘院长与七宝阁书院部分教师

【一点题外话】

2016 年和 2017 年都收到了北京七宝阁书院寄来的《书院纵横》刊物，那时我虽还未曾到过书院，但心里满满地都是感激。2017 年我第一次参加书院举办的“书院传统与未来发展”论坛，在高铁站感受到了接站人员的谦逊有礼与细致入微，在报到现场领略了书院人的热情周到与认真敬业，整个论坛期间更是收获满满。当我在餐桌上听到书院家长亲切地说起“马姥爷、岳姥姥”故事的时候，更是充满感动与敬佩。2018 年第二次参加书院论坛时，报到的前一天晚上，几位早到的学者与马院长一起喝茶聊天，我再次体会到“书院如家庭，师生如父子”的感觉。看着在书院长大的孩子已经开始从事传统文化相关工作，会议期间全程公益参加接送站及相关会务，会真正体会到书院教育、经典教育对人的改变。

访谈马院长的想法已经萌生很久了，但时间总是凑不上。10月份参加湖南汨罗屈子书院举办的“第八届东亚书院国际学术研讨会暨2019年中国书院学会年会”时，刚好我们在同一个分会场，于是，便约定了采访事宜。整个采访过程中，马院长对自己15年来从事的童蒙教育工作如数家珍，并且多次提到当代书院教育一定是在继承基础上的创新，一定是要适应未来社会对人才发展特质的需求，这既是当代书院面对的现实，也是当代书院努力的方向。后来我也时常会在微信上就书院教育问题与马院长交流，他从一个传统文化教育者和书院教育践行者的角度给了我很多研究建议和指导，在这里我想对他表示真诚地感谢，也祝愿七宝阁书院越来越好！

写于2019年11月30日

10

潜心研究古代书院，用心助力当代书院

——访中国书院学会副会长、《书院纵横》主编王立斌

书院是读书人的精神家园，古代书院对知识传播、学术研究的发展，学风士气、民俗风情的培植和国民素养、伦常观念的养成做出了重要贡献。近年来，伴随着传统文化复兴和人们对现代教育的反思，当代书院在全国各地纷纷创立，并且呈现出不断增长之势，书院教育又重回大众视野。2019 年 10 月 11 日，“第八届东亚书院国际学术研讨会暨2019年中国书院学会年会”期间，笔者有幸专访中国书院学会副会长、《书院纵横》主编王立斌先生，就有关传统书院的价值、当代书院的功能定位以及书院研究的发展走向等问题向他请教。

以下为访谈实录。

杜华伟（以下简称杜）：王会长，您好！首先非常感谢您接受访谈。作为书院教育的研究者与实践者，作为传统书院与当代书院的参与者，多年来，您所有的工作均围绕书院展开，今天想请您谈谈自己的书院研究与书院践行之路。

王立斌（以下简称王）：谢谢杜老师的访谈！我的经历可以说就是古代书院与当代书院的结合，就是书院理论与书院实践的统一。我愿意借这个机会将自己的经验体会分享出来，希望进一步推动书院教育和书院研究的发展。

▪ 2019 年，杜华伟女士访谈王立斌先生

杜：请问您是如何走上书院研究这条道路的？

王：走上书院研究这条路，与我在江西省铅山县文化馆的工作经历是密不可分的。文化馆拥有17000多册古籍藏书，经、史、子、集各类齐全，还有大量的地方志和书院志，当年在那里从事“文、博、图”工作时，我花了三年时间把这些书全部浏览了一遍，正是那些年大量的书籍涉猎和知识积淀，让我后来的书院研究更加深入和透彻。我刚到铅山县文化馆工作时，鹅湖书院是隶属于博物局的一个股级单位。鹅湖书院虽然在1957年时就已经是江西省文保单位了，但长久以来并没有得到很好的保护，更谈不上研究与发展。我到那里工作时，书院里是鹅湖村小学，老乡的十几头牛就关在书院的碑亭里边，这让搞文保工作的我很是震惊和痛心。我觉得自己有义务去保护、修复鹅湖书院，于是向铅山县人民政府提出申请报告，要求修复鹅湖书院，申请很快被批准通过。1984年博物馆成立，从文化馆分设出来，我参与了鹅湖书院的全部维修工作。鹅湖书院修复之后，《光明日报》记者童怀去采访我，并于1984年11月24日在《光明日报》上以《鹅湖书院说朱熹——王立斌如是说》为题发表了文章。文章见报后，全国多个书院派代表到鹅湖书院来参观交流，后来各地也开始陆续修复传统书院。1986年岳麓书院修复，1987年白鹿洞书院重新维修。这样，就把整个传统书院的修复在全国推动起来了。

20世纪80年代以后书院开始热起来了，尤其是北京大学的季羡林、汤一介先生关于中国文化书院的一套理论，对于当代书院的发展起了很大的推动作用，这就促使我进一步深入考察、研究书院。而且，我本是学历史考古专业的，对古代书院的调查研究中，我以考古人的田野调查方法进行铺地式探访，查看建筑、布局，核对方志、家谱，获取了一系列宝贵的一手资料。

其实，我做书院研究还受到家族的影响。外祖父家是书香门第，他曾担任过江西丰城龙光书院院长，同时兼任家族书院院长，小时候经常听到他老人家讲关于书院的故事，耳濡目染，我便比一般小孩更早知道“书院”为何物（笑）。当然我最终走上书院研究之路，还得感谢我的两位大学老师：左兴培和许怀林先生。他们一个讲江西地方史，一个讲江西书院史，经常会谈到“鹅湖之会”，对我影响很大。在铅山县文化馆鹅湖书院做“文、博、图”管理工作的三十年间，我跑了全国将近千所书院，对新老书院的建制、保护、管理和发展等，都有一个比较完整的了解，这就使得我的研究更加厚重和扎实。江西省文化厅原副厅长、明史研究专家曹国庆曾在为我《鹅湖书院》所作的序中说：“江西有个鹅湖书院，鹅湖书院有个王立斌。”将我与鹅湖书院在全国文博中的地位相提并论，这是省文化部门领导对我的赏识与认可，也是对我不断从事书院文化研究的支持和鼓励。

1982年，我的第一篇文章《鹅湖书院》刊登在《江西历史文物》上；1984年，发表在江西历史年会论文集《史学论文集》上的《论鹅湖之会与鹅湖书院》一文被中国书院辞典收进文献索引条目；2004年，我的第一本《鹅湖书院》由中国戏剧出版社出版发行……2013年11月，我编著的《鹅湖书院》一书由湖南大学出版社出版发行，该书从地理环境、历史沿革、教学管理，规制、建筑、碑刻、诗赋和名人等方面对鹅湖书院进行了全面的梳理介绍，为《中国书院文化丛书》之一。同时，我还接受了北京大学聘请，连续三年在北大举办“鹅湖儒学”讲习班，受到许多学者的高度评价。当然，退休之后，我的书院研究仍在继续，我率先提出了“红色书院”研究课题，近两年又在推动运河文化与书院教育的研究。我一共出版了17本著作，第18本60万字的《鹅湖书院志》基本杀青，马上也要出版。可以说，书院研究是我一生的追求，生命不息、研究不止。（笑）

杜：人们常说“鹅湖之会”首开书院会讲先河，请您介绍一下“鹅湖之会”，并谈谈它对后世书院发展的影响。

王：鹅湖书院亦名文宗书院，自南宋迄今已有800余年历史，为中国著名书院之一。国家邮政发行的《古代书院》第二套四枚特种邮票中，鹅湖书院位列其一。据考证，著名书院教育家朱熹14次离开福建，其中有6次到铅山经过鹅湖书院。

宋淳熙二年（1175年）六月，吕祖谦为了调和朱熹“理学”和陆

▪ 2020年，王立斌先生参加“第三届中国全民阅读大会”留影

九渊“心学”之间的理学分歧，使两人的哲学观点“会归于一”，出面邀请陆九龄、陆九渊兄弟前来与朱熹见面。六月初，陆氏兄弟应邀来到江西鹅湖寺，双方就各自的哲学观点展开了激烈辩论，这就是著名的“鹅湖之会”。关于这次会讲的中心议题“教人之法”，朱熹强调“格物致知”，主张多读书、多观察事物，根据经验加以分析、综合与归纳，最后得出结论。陆氏兄弟则主张“发明本心”，心明则万事万物的道理自然贯通。陆九渊不提倡多读书，“故君子尊德性而道问学，致广大而尽精微，极高明而道中庸，温故而知新，敦厚以崇礼”，去此心之蔽就可以通晓事理，所以尊德性、养心神是最重要的。此次“鹅湖之会”持续三天，陆氏兄弟略占上风，虽最终不欢而散，但这种既坚持自己学术观点，又不抱门户之见而相互尊重的学术争论风范，为中国学术讨论树立了良好的榜样。为了纪念这场“鹅湖之会”，朱熹、陆九龄、陆九渊和吕祖谦四人辞世之后，当时的朱子门人徐子融、陈文蔚先后修筑了“四贤祠”，在此讲学并祭祀朱、吕、二陆四先生。淳祐十年（1250），朝廷将“四贤阁”命名为“文宗书院”，后于元代增设会元堂。明景泰四年（1453），都御史韩雍又在宋代旧址重建书院，匾额题“鹅湖书院”。可以说，“鹅湖之会”首开书院会讲之先河，自此以后，各书院之间、各学派之间经常组织辩论。会讲活动不只面对院内师生，凡是有心求学之人，不限年龄、不限身份均可入院听讲，甚至可以登台发表自己的看法，这为普通民众创造了更多的学习机会，是鹅湖书院性、心讲学合而为一的书院特色。

鹅湖书院于 1957 年被列为江西省第一批省级文物保护单位，2006 年被批成为上饶市鹅湖书院风景名胜区管理委员会（副处级单位），同年又被国务院批准为第六批国家级文物保护单位，2017 年 7 月鹅湖书院和江西武夷山捆绑申报世界文化遗产成功，被列入世界文化遗产名录。书院经修复发展之后，除了接待游客，定期或不定期开展的书院论坛、书院讲座、书画展览、朗诵比赛和阅读分享、党员主题日等活动，使鹅湖书院真正“活”了起来。作为江西省研学教育基地，鹅湖书院开展的青少年研学活动颇有特色。比如“任务卡”式研学就很有意思，小朋友在老师的安排下组队，每队随机抽取任务卡，找到卡片上对应的线索并合影留念，就算完成任务。在近期开展的一次活动中，任务一为“《论语》中有‘仕而优则学，学而优则仕’之说，鹅湖书院也有一处四字成语，代表这里是‘立志读书人和贤达为官者’争相拜访的地方，你知道这个石刻在哪里吗？”任务二为“康熙五十八年（1719），书院学子想到一副对联‘石磨咕咕寻踪探理千回转，灯盏熠熠明本推心万古芳’。找找看，这副对联指的是哪一个物件，它和铅山哪个特色小吃有关联？”……这样的研学活动，不但形式活泼，而且与当地的文化习俗相关联，小朋友在游戏过程中可以收获更多的知识和快乐。台湾的吕荣海先生是一位值得尊敬的有情怀的书院人，他与我相识之后，经我提醒去查证家谱，确认自己是吕祖谦的38代孙，这让他对鹅湖书院有了非常深厚的感情，并且有了传承书院文化的使命感。在江西鹅湖书院参观学习后，吕荣海先生回台湾创办了六所鹅湖书院，并且在柬埔寨也建了两所鹅湖书院，这使得鹅湖书院的影响进一步扩大，为中华优秀传统文化的继承和传播发挥了重要作用。

杜：您研究江西书院多年，请问与其他省份相比，江西书院有何独特性？

王：我作为江西人，又曾在江西读书和工作，在书院研究方面自然会更关注江西书院的发展状况（笑）。江西的很多书院我都亲自去考察调研过，有的书院甚至去了不止一次。可以说，江西历代有名的书院，既是学者们探讨学术的园地，又是当时一方的教育中心，对当地的人才培养和社会教化起到了重要作用。

关于江西书院的独特性，我主要从以下三个方面来介绍：

第一，数量上占据优势。从唐代至清代，全国书院总数为7351处。其中，江西有1743处，占全国总数的23.71%。被列入世界文化遗产中的书院有两处，江西白鹿洞书院就是其中一处。全国发行古代书院邮票八枚，江西白鹿洞书院和鹅湖书院也位列其中。中国历代的四大书院，北宋时江西占一处，从南宋起至现代，江西都占有两处。还有，被列为全国现代文物重点保护单位的书院共47处，江西就有6处，占

▪ 2015 年，杜华伟女士调研鹅湖书院

总数的12.8%，分别为白鹿洞书院、鹅湖书院、白鹭洲书院、龙江书院、同文书院和濂江书院。江西省省级文保单位中书院共有10处，占全省书院总数的17.4%。

第二，江西有与名人相关的十大书院。1.为纪念唐代袁州刺史韩愈而兴建的宜春昌黎书院；2.宋代胡仲尧扩建的奉新华林书院；3.为纪念周敦颐而建的莲溪书院（九江、萍乡、赣州均有莲溪书院）；4.曾巩于北宋年间创建的兴鲁书院，为抚州培养了大批人才；5.朱熹曾在江西鹅湖书院、白鹿洞书院讲学，并订立了著名的《白鹿洞书院揭示》；6.陆九渊创办的象山精舍以传播心学；7.江万里创立的白鹭洲书院，立文章节义之帮，培养了17位状元，2700多名进士，包括著名宰相文天祥；8.元代著名书院教育家吴澄创建的草庐书院以传播理学；9.明代理学家、书院教育家胡居仁与陈献章、娄谅、张元祯四人交游，成立余干之学，创办"丽泽、南谷、碧峰"多所书院，他们还曾两次主持白鹿洞书院；10.明代陆王心学创造者，心学集大成者王阳明，其学术影响世界，传播至东南亚。在赣州、吉安多有阳明书院创建，其核心是"知行合一"。

第三，江西书院史上有十件大事。1.南宋淳熙二年（1175），朱、吕、陆的鹅湖之会、心性之辩；2.南宋淳熙六年（1179），朱、陆白鹿洞义利之辩，订立洞规揭示；3.南宋淳熙十四年（1187），陆九渊创建象山精舍，于贵溪传播心学，奠定了江西心学祖庭的地位；4.南宋淳祐元年（1241），江万里创建白鹭洲书院"文章节义之邦"，培养了文天祥这样的世纪名人；5.南唐时期胡仲尧创建华林书院，培养了一门三刺史，四代五尚书；6.后唐明宗李嗣赐翰林学士赵风书《匡山赵书院》匾额，这是中国书院史上第一个由皇帝赐额表彰的书院；7.唐大顺元年（890），德安义门陈氏创建著名家族书院"东佳书院"，这是中国家族书院史上的一个里程碑；8.清雍正十一年，皇帝颁发上谕拨款一千两白银，兴扩建"豫章书院"为省会第一书院；9.清光绪年间，赣州客家人创建第一所客家书院"奎光书院"；10.1930—1934年，毛泽东代表红四军在濂江书院传达中共六大会议精神，建立了第一所红色书院。

江西省在历史上属于书院大省，近些年复建或新建的书院也比较多，我在江西书院研究与发展上用力颇多，之前出版过两版《鹅湖书院》《叠山书院》，去年（编者注：2018年）又出版了《象山书院》和《象山书院志》，明年象山书院正式建成后，将会召开书院主题的学术研讨会。目前我担任金溪仰山书院和贵溪象山书院陈展的总策划，想尽快组建成熟的研究与管理团队，把自己多年来在鹅湖书院积累的经验传承下去，推动象山书院、叠山书院和仰山书院在新时代的发展。

杜：您在北京七宝阁书院工作多年，请问您如何看待七宝阁书院对传统书院的继承？

王：我一直都有一种浓浓的书院情怀，书院文化推广和研究也是我毕生的追求。我在鹅湖书院工作多年，曾参与鹅湖书院修复，出版《鹅湖书院》专著，推动鹅湖书院现代复兴，这些都使我与书院有着难以割舍的情感。朱熹与陆九渊的“鹅湖之会”和辛弃疾与陈亮的“鹅湖之晤”更让书院情怀在我心中深深扎根。2013年退休后本可以坐享天伦之乐，但当马一弘院长邀请我加入七宝阁书院团队时，出于对书院文化研究和推广工作的热爱，我还是果断应允。当初之所以愿意来到七宝阁书院，一是因为马一弘院长执着书院教育的魄力和信念，让我看到了他对书院文化的尊重和对他人的尊重。二是因为我在七宝阁书院看到了传统书院文化传承的前景。七宝阁书院很好地继承了传统文化中的六艺童蒙养正的教育设施和感觉教育活动，并且不只是空谈传统文化，而是将传统书院精神做了很好的教育实践。真正的践行书院文化才是一个好的继承，所以我说七宝阁书院是传统书院的传承者和接棒者，多年来在童蒙教育领域深耕不辍并取得了不俗成绩。

杜：七宝阁书院的刊物《书院纵横》已经正式出版三辑，请问您参与筹办该刊物的初衷是什么？该刊物的定位是什么？

王：著书、校书、刻书是古代书院的重要功能，是书院教学与研究的基础。七宝阁书院作为一家有传承有创新的当代书院，同样注重书院教育理论研究。《书院纵横》是一本书院研究领域的专业刊物，当初创刊时，我们先确立了方向和目标，那就是要架起当代书院与传统书院之间的桥梁并打造书院刊物的精品品牌，再根据目标细分书刊的提纲目录，共分为“人物风采”“书院论坛”“书院史话”“学林随笔”“讲坛札记”“书院建筑”“创新探索”和“书画欣赏”八大块内容，以达“教之以爱、育之以礼、启之以智、导之以行”的“为人之道、为学之方”的目的。刊物中书院类作品选自七宝阁书院“书院传统与未来发展”论坛上的优秀论文，力求全方位、立体化地介绍书院教育的方方面面，方便大家会后更精细地研读学习，也为那些不能参会的书院学人提供很好的参考资料。

杜：您近两年提出“运河与书院文化”，请问是基于怎样的考虑？

王：运河文化与书院文化是我率先提出来的。从浙江绍兴到北京通州，再从西安贯通扬州，整个运河3000多公里。运河两岸是中国最发达的区域，沿线分布着很多书院，比如安定书院、东林书院、万松书院、甬上四贤书院、阳明书院、蕺山书院、应天书院和苍曲书院等，一直到通州现在的运河书院。而且，当年两江总督资助过运河书院，这又跟我从事的第一份工作，铅山县博物馆“文、博、图”工作密切相关，所以，我一定要做运河书院文化研究。目前已经在其他书院做过两次专题报告，并且在《人民铁道报》和河北沧州《新国学》期刊上发表了运河文化的文章，我也希望能与沿线其他书院合作，建立一支精干专业的团队，大家一起推进运河与书院文化的研究。

杜：2018年11月，中国书院学会组织了台湾书院考察活动，请您谈谈自己的感受。

王：这是书院界的破冰之旅。中国书院学会首次组团赴台，一行十余人进行了为期11天的学术交流和访问活动。其间，我们参加了在高雄师范大学召开的海峡两岸经典书院学术研讨会，访问了台中正和书院、苗栗象山书院、新竹鹅湖书院、台北奉元书院和咸临书院等。台湾老的传统书院只有54个，但是现在台湾有将近800所书院。在明清古代书院的基础上，近些年来书院发展的形势多样、模式不一：有的以青少年为对象，属于公益行为；有的以社区为对象，开展文化教育活动；也有的以企业家为对象，属于商业模式运营。但所有书院都以读传统儒家经典“四书五经”和老子《道德经》为主导。台湾书院遍地开花，这其实跟牟宗三先生、唐君毅先生是分不开的。20 世纪 50 年代他们把传统儒家文化带到台湾，在台湾把新儒家文化发动起来。20 世纪 80 年代大陆兴起传统文化热潮，跟台湾的文化复兴结合起来，两岸文化经常交流，所以书院发展突飞猛进。台湾书院的发展充分带动了海峡两岸书院的兴建，光是厦门海昌区就有 60 多所书院，那些留守儿童下午四点钟放学以后到书院去读书、写作业。这种由街道、社区创办的“下午四点钟书院”，是一个很值得借鉴和推广的模式。

这次赴台做两岸书院交流，我感悟很多。中国不同于西方，是因为有中华民族的根基和自己的传统文化。“为天地立心、为生民立命、为往圣继绝学、为万事开太平”，由古开新正是书院弦歌千年的精神，传承书院的积累、研究、创新与传播文化的延续活力，建立起中华民族的文化自信，期待日后两岸书院更加紧密联系，携手共进、共创新机。

杜：请问您认为当代书院如何有效解决发展所需的资金问题？

王：无论是古代书院还是当代书院，“学田”都是必不可少的物质基础。当代书院除了传承古代书院教学、研究、藏书和祭祀等基本

▪ 2020 年，“第三届中国全民阅读大会”期间，杜华伟女士与王立斌会长合影

功能，还要适应新时代发展的需要，有效开展自己的“学田”建设，以更好地服务书院公益事业。

我在鹅湖书院工作时，组织申报了两个非物质文化遗产：连史纸和河口红茶。2006年，连史纸（又称连四纸，连泗纸）与鹅湖书院同时申报成功。因为古代书院要藏书、刻书，就离不开纸张。连史纸是鹅湖书院自己生产的纸，具有“白如雪、薄如蝉、声如磬”三大特点，深受读书人的喜爱。当年乾隆皇帝下令，凡是三品以上官员如果能获得文化奖，则奖励铅山连史纸一刀，可见连史纸的价值之大。

铅山县自古就是兵家、商家必争之地，武夷山一带所产茶叶皆通过河口码头销往国内外，因此，人们把这一区域所产红茶统称为“河红茶”。江西铅山河红茶被称为“中国红茶鼻祖”，被西方人誉为“茶中皇后”，明代《铅山乡土志》上还有“河红繁盛之时，商家买办，每年数百万金”的记载。铅山除了著名的连史纸和河红茶，当年鹅湖窑生产出来的瓷器也很有名，不光为鹅湖书院所用，还为鹅湖寺所用，现在我们也把它恢复起来了。连史纸、河口红茶和铅山鹅湖窑瓷器目前都已开发为鹅湖书院的文创产品。因为茶叶、纸张、陶瓷，都是读书人生活中必不可少的文化元素，以此作为文创，既能更好地保护传播优秀传统文化，又能为书院发展提供必要的资金支持，使书院有能力进一步开展公益文化事业。

杜：关于当代书院发展，请问您还有什么样的建议？

王：当代书院发展，制度、资金、机制、师资等都很重要，我只从研究这个层面谈点自己的想法。书院研究是一项很有价值的工作，近些年相关研究成果层出不穷，但仍然存在一些需要改进的地方。首先，要建立能持续、有传承的研究团队。现在传统书院中除岳麓书院能正常吸纳学术研究人员外，其他的著名书院如白鹿洞书院、嵩阳书院、鹅湖书院、白鹭洲书院、叠山书院、石鼓书院、东坡书院、应天书院等都后继乏人，无法延续发展研究。所以，一定要培养新鲜血液，吸引年轻人加入书院研究团队。其次，应该与其他学科相融合。书院自古就是重要的教育机构，也是士子读书求学的地方。书院学与教育学、文学、历史乃至建筑学等多种学科密切相关，所以不能囿于“书院”本身而研究书院，而是应该加强学科融合，从多视角、多学科去研究书院教育。最后，联合高校与书院实践者共同做好研究。目前很多书院还得不到有效的认可与支持，仅凭书院创办者或复建者不可能把理论研究推向更高更深的层次。所以，争取体制内高校、研究院等机构的学术支持，是做好书院研究的有效途径。

杜：谢谢王会长接受访谈，谢谢您不断提携年轻人，祝愿您的运河书院文化研究结出硕果！

王：谢谢！也希望我们能共同推动书院教育，使更多人了解书院文化，研究书院文化，传播书院文化。

结 语

以考古人的敬业与专业从事书院研究，以读书人的勤奋与严谨从事书院研究，这是王立斌先生不变的工作风格。希望在他的带动与鼓励下，能有更多年轻人加入书院研究的团队，一起推动书院教育实践与书院理论研究向前发展。

2019 年 10 月 11 日访谈记录

2019 年 10 月 28 日整理完稿

2019 年 10 月 30 日首发于凤凰网国学频道

2020 年被录入《华人文化研究》（第八卷第一期）

访谈者杜华伟，哲学博士，兰州交通大学副教授，硕士生导师，中国书院学会理事，安溪凤山书院文化建设学术顾问，《中华优秀传统文化研究》编委，研究领域为书院文化与思想。

受访者王立斌，江西省上饶市鹅湖书院管委会原副主任、书院院长、研究员，上饶师范学院朱子研究所研究员，江西省 2011 计划朱子文化协同创新中心研究员，江西师范大学书院研究中心研究员，中国书院学会副会长，江西省书院研究会副会长。主要从事文博与书院文化研究工作，现任北京七宝阁书院《书院纵横》主编。

▪ 王立斌先生

【一点题外话】

2017年暑假在七宝阁书院参加“第四届中国书院学会年会暨第七届书院传统与未来发展论坛”时，通过传统书院与现代书院对话环节“认识”了王立斌先生，当然当时只是我认识他，他并不认识我。2018年我再次到七宝阁书院参加“第八届书院传统与未来发展”论坛，因当时正在参与《中国传统文化教育发展报告2018》项目，需要调研一批典型书院，所以我特意早一天到达，想对七宝阁书院有个更全面立体的了解。当天下午我与王立斌先生和其他几位学者一起沿着七宝阁书院散步，王先生讲到了自己与鹅湖书院的缘分、与七宝阁书院的缘分，讲到了自己在古代书院和现代书院的工作经历……闲谈中，得知他和我父亲同岁，便更添了一份亲切感。后来在正式论坛上我又参加了王立斌先生主持的“古代书院与现代书院对话”，还一起接受了七宝阁书院刘放老师的访谈。10月份我与王先生又在尼山圣源书院见面，这次王先生特意向我赠送了自己的大作《象山书院》《象山书院志》。再后来，2019年10月在湖南屈子书院参加“第八届东亚书院国际学术研讨会暨2019年中国书院学会年会”期间，我对先生进行了专访。谈起鹅湖书院、文化考古、书院研究，王立斌先生如数家珍，语气中满是欢喜与亲切。

10月底赴南宁参加第二届中国全民阅读大会的当天，大清早将访谈稿发给王先生修订，没想到先生在高铁上很快就看完了。下午一到酒店我就马上去大厅找他讨论，他手上拿着在酒店打印出来的纸质文稿，上面用红笔做了不少标记，经过沟通，最终确定了需要修改和补充的地方。先生虽已退休但仍然笔耕不辍，每年都有多篇文章见刊，如此严谨勤奋的治学态度一直令我佩服，也一直是我学习的榜样，而且先生多次为我提供参会学习机会，在此表示真诚感谢！

写于2019年11月25日

11

建设乡村书院，助力乡村振兴

——访福建枫下书院创办者孙志伟兄妹

故乡是现代人的永久牵挂，书院是读书人的精神家园。乡村书院是从乡村走出去的乡贤回馈家乡的珍贵礼物，也是教化一方民众、助力乡村振兴的有效平台。由上海申行健压缩机有限公司董事长孙志宏兄妹四人创办的福建枫下书院，是他们找寻儿时记忆、享受田园乐趣的一方净土，也是他们致力家乡发展、推进乡村书院建设的实验基地。

2019 年 11 月 24 日，“第十一届海峡两岸国学论坛”期间，笔者实地调研了枫下书院并专访了创办者孙志伟和孙燕华，就有关当代书院的价值、功能及乡村书院未来发展等问题向他们请教。

杜华伟（以下简称杜）：二位好！很高兴能在本次论坛上相遇，首先非常感谢你们接受我的访谈。我之前听说了一些关于枫下书院和你们四兄妹的故事，觉得非常温暖和感人。孙志伟先生是四兄妹中的老二，孙燕华女士是老三。你们兄妹四人离开家乡已经超过三十五年，目前事业也都在外地，为什么想要在老家耗资兴建书院？

▪ 2019 年，杜华伟女士访谈孙燕华院长

孙志伟：书院的建设既缘于乡愁，也是为了实现父亲的遗愿。枫下书院位于闽南安溪城厢镇经兜村，“枫下”是我们四兄妹出生及年少生活之地，曾有一棵千年巨枫生长于此。这里的绿水青山、田园坝头，看似普普通通，却处处印刻着我们成长的足迹，有着一串串长长的故事，饱含着我们深深的思念与眷恋。我们的父亲是早年从这里走出去的大学生，他曾叮嘱我们，如果回故乡，要以有效的方式回报桑梓。我第一次知道“桑梓”这个词，就是来自父亲的教导。

杜：说到“一串串长长的故事”，我很想听你们讲讲枫下的故事。

孙燕华：其实都是些别人看起来微不足道的小事。比如书院门口曾经是我大哥孙志宏和小伙伴们玩“打仗”游戏的场所。小时候他当“司令”，指挥穿着开裆裤的邻居家小孩，“你一国”“我一国”，好像在指挥千军万马；再看门前这条小溪，曾是他为心爱的永久牌自行车“洗澡”的场所，洗好车，甩动脚踏，车轮旋转带起的水花飞向空中。儿时那种无忧无虑的快乐，很可能是他日后创业源源不断的动力吧！我大哥是这附近从小山村闯荡到大都市创办民营企业的代表，从年少时自己赚第一桶金买自行车、摩托车到后来在上海开公司办工厂，闽南故乡特有的“爱拼才会赢”的秉性在他身上体现得较为明显。

孙志伟：我记事的时候，那棵枫树还在。枫树古老而高大，生长在老家门口小溪靠近田野的岸边，至少有几百年树龄了；树干粗大无比，没有四五人合围是抱不过来的；树冠硕大，从溪的那边一直覆盖到溪的这头。枫叶繁密茂盛，春天吐绿、夏日馥郁、秋日发红、冬日后凋。在离地高约二十米处，有白色的大鸟筑巢，盘旋于上，为村间一景。村民说需用三四根竹竿连接，方能捅到鸟巢，所以我们这些调皮的孩子们也只能望树兴叹。后因雷雨天粗大的枯枝条时常断落，村民唯恐伤到人，故锯掉大枫树以避险。关于枫树留给我的深刻记忆：一是大拇指般大的青虫，身上都是毛毛刺，谁被它扎了，就会肿起一个大包，又疼又痒；二是千年古枫渐趋枯败，每到夏天打雷下雨，在屋里就能听到树枝断落噼噼啪啪的声响。那时缺少柴火，孩子们总是第一时间冲出家门，到树下哄抢掉落的树枝，谁先抢到就是谁家的。有一次下大雨时又听到一声巨响，我赶紧放下手中的饭碗冲到门口，很可惜隔壁的一个稍大的女孩端着碗跑到我前面，指着树枝对我说："wa xing gao，zuai long xi wa ye"（闽南话："我先到，这些都是我的"）我很后悔为什么不像她那样端着碗跑出来，放下碗的时间害得我失去了一大截好柴火。（笑）

孙燕华：我对门前乡间小路的记忆来自妈妈的叙述。妈妈总说我出生后，两个哥哥把我当宝贝，看着我睡、盼着我醒，喜欢抱我、背我。有一次二哥用背巾背着我，跨过大门口淙淙流水的大坝，奔向远方的田野。背上的我在他奔跑的当儿滑落了下来，据说差点掉落到大坝下，我的小命遭遇了一次惊险。每每站在这条弯弯的小路上，我总会思绪翩飞，不是担心自己被摔死，而是因为有两个哥哥的爱，油然而生一种幸福感。我常常看着脚下的堤岸以及那些石块，心里想：哪怕真的掉落，也没事吧，因为有满满的爱支撑着我。

我和妹妹离开家乡的时候还小，没像哥哥们对故乡有那么全面而深刻的记忆。我总记得小时候和妹妹喜欢站在家门口看炊烟。有风夹着青蓝色的炊烟轻柔地抚摸着我们，那气息朴素而淡雅。现在每每看见炊烟，首先会联想到儿时在田里，总是玩得不知天黑，等到各家各户屋顶上冒烟了，才匆匆各自飞奔回家的情景。炊烟于我们，意味着母亲一声长、一声短的呼唤，意味着热腾腾的饭菜……孩提时代我们最喜欢黄昏，这一天中最具人情味的时刻。这一时刻，有农人荷锄返家，途经我家门口，有一搭没一搭地互相寒暄问候，一天里疲惫的脚步此刻显得格外轻快；有山间归来的大叔大婶，顺手带一把连茎带叶的落花生，扔给坐在家门口的我们；有辛劳一天的老牛，摇摇晃晃地走过我家门口，间或下一坨牛粪，落在我们的脚跟前，粪便那暖乎乎的热气与屋顶上的炊烟一样，很快就随风飘散……

杜：乡愁真是读上千遍也不厌倦，这些长长而又悠远的故事耐人寻味。请两位介绍一下枫下书院的建筑情况和建设宗旨。

孙志伟：枫下书院位于经兜村，距县城仅需一刻钟的路程，到厦门、泉州、漳州市区仅一个小时车程。此处不仅交通便捷、环境优美，而且民风淳朴、蕴涵深厚。书院以中国闽南传统特色建筑为主，兼具西欧风格，依山傍水、守护田园。书院前落两层，后落四层，既有讲堂和天井，又有回廊和亭阁，总建筑面积近一千两百平方米。县委书记为书院题写匾额，著名易学专家张善文教授为书院撰写大门楹联，并与复旦大学易学与美学研究专家谢金良教授合撰院记。书院希望能够“传播传统文化，助力乡村振兴”。

回归枫下建书院，既是为了回归家园，也更希望能立足本土乡村，在文化、艺术、教育、生态等领域助推家乡建设，推动乡村文教发展；同时联络各界，邀请国内外相关领域的专家学者，开设学术讲座、组织高峰论坛、繁荣当地文化；建立多领域智库，协助地方政府问诊把脉，提供行政治理参考和学术支持。总之，致力于打造新时代特色乡村书院，推动乡村振兴，传播中国传统文化及审美艺术，造福当地及周边其他城乡群众，将是枫下人一如既往的追求。

孙燕华：书院周围环境优美，王维诗句中提到的“漠漠水田飞白鹭，

▪ 2019 年，杜华伟女士访谈孙志伟院长

阴阴夏木啭黄鹂”，很能说明村间田畔的夏日景色。潺潺的溪水终日不停，从上游流淌下来，流经书院门口的坝头，一直奔向远方；远处的山峰层峦叠嶂、青翠秀丽，环绕着村庄，使附近的房子和田野看上去就像在一个聚宝盆里。自然环境与文化环境相得益彰，让人身处其中便情不自禁地想静下心来读书品茗、谈学论道。

杜：孙燕华女士现在任职于复旦大学，听说您曾亲身参与复旦大学的通识教育工作。作为大学书院制发展的见证者和乡村书院的创办者，对于大学通识教育、学生培养及乡村文化建设，您一定有着自己的真切感受与独到见解。请您简单介绍一下复旦人和复旦学院，并说说作为一个复旦人参与创办枫下书院的初衷。

孙燕华：2005 年，复旦大学率先在全国全面推进通识教育。作为一个从农村大地上走出来的读书人，我对乡村有着难以割舍的情感。在复旦大学推行通识教育的过程中，我会思考书院或许是学校（包括大中小学）进行通识教育的重要补充，也逐渐认识到兴办乡村书院应

▪ 2019 年，孙志伟与孙燕华院长参加“第十一届海峡两岸国学论坛”留影

会是教化民众的手段之一。所以，我们兄妹四人在家乡创办了枫下书院，希望以此来推进乡村教育发展，进而在文化方面助力乡村振兴。

复旦人的基因里总有这么几个关键词：国家使命、追求真理、家国天下、开放发展、自强不息。复旦大学希望培养学生的国家意识、人文情怀、科学精神、专业素养和国际视野，让学生成为担当民族复兴大任、能掌握未来的复旦人。因此，复旦大学致力于构建全员、全过程、全方位育人的六度空间，六度空间中很重要的一个环节，就是书院。复旦大学有五大书院，分别命名为志德、腾飞、克卿、任重、希德，名称均取自百年校史中几位已故著名老校长的名或字，每个书院都有专属的宿舍楼，更有独立的院徽、院训和院服，均蕴含丰富的文化内涵。书院有相应的功能定位，开展了丰富多彩的活动，与此同时，复旦大学推出了通识教育核心课程。核心课程七大模块中，第一、二模块的“文史经典与文化传承”“哲学智慧与批判性思维”与国学、传统文化直接相关，侧重于文史哲原典的修读。应该说，这与复旦重国学、重哲学、重经典的传统是一脉相承的。我的爱人是复旦大学中文系教授、博士生导师，他担任《周易》课程的教学，希望能带着更多学生开展原典细读，给予青年学子更有效、更恒久的国学教育。他非常热衷回家乡建书院，也一直积极参与枫下书院的策划、设计和建设。可以说，枫下书院某种程度上是我们自己对传统文化教育追寻和反思的产物。

杜：《枫下书院记》应该是最能反映你们兄妹二人创办枫下书院心路历程的一篇文字了，能讲讲具体情况吗？

孙燕华：《枫下书院记》由我爱人和二哥为主起草，其间得到了福建师范大学张善文教授的指点和帮助，最后由我们全家共同讨论确定成稿。张善文教授还为我们的书院撰写了门联：听溪枫下诗书礼，望岳坝头日月星。这副对联客观真实地描述出书院周围的环境，也对书院和孩子们寄予了希望。《枫下书院记》纪念了我们的祖辈们，尤其是我的祖父和父母亲，也大致能反映出枫下书院的各方面情况，既是对一段历史的交代，也更希望能借此感化乡里，让更多人来弘扬传统文化。

孙志伟：“枫下书院”源自父亲的遗愿。我们的父亲作为一个读书人，似乎因为后辈中也有读书人而满心欢喜。父母亲育有二男二女，很巧的是，两个哥哥都创业经商，两个妹妹都在高校工作。父亲生前曾手绘建筑图样，上书“三士院”，寓意家有人学士、硕士、博士频连登获。在设计书院时，我们并没有参照父亲所作之图，神奇的是，该图与今日书院的翘屋脊形状颇有七分接近。后来作为子女的我们将名字改成“书院”，一是觉得“三士”仅是学历而已，不值得宣扬；二来书院可能更便于今后传播传统文化。枫下是地名，当地人熟知，因为曾有千年枫树生长于此。儿时的记忆梦幻一般，古老的枫树便是梦幻的主宰。到了能够吟诵红叶诗句的时候，古枫在我们心中的形象，环绕着崇高、壮丽的光辉。春夏季节轮换，枫树的叶子渐趋成熟，那深深的泛着青光的叶子组成一把硕大无比的伞，既遮挡夏日的骄阳，也遮挡夏日的阵雨。又如同呵护一方的威武大将军，与清风、流水、雾霭一起，时刻陪伴着这里的人们。等到秋天到来，树叶渐渐变红，又是另一番景象。长大后听说在苗族的传统中，把枫树视为神树，其中的原因，大概和枫树的形象分不开吧。今后，我们将在书院周围再种上枫树，让枫下故居重焕青春。

杜：创办一座现代书院并非易事，除了孙氏家族用心付出外，还得到了哪些支持？书院建好之后，周围环境有什么变化？

孙志伟：说实话，创办书院相当艰难，一开始并不太顺利。我们全家搬离经兜村已经三十多年，祖屋长期空置，后来被夷为平地，造成一个似乎难以挽回的事实：我们再无老家可以眷顾了。之后的一两年里，我们家人每逢春节回村探亲访友时都有一种失落感。也因此，许多老邻居和堂亲们都劝我们再回来建房。在乡亲们的鼓励和支持下，经过两三年的努力，我们向村里重新申请，要回了宅基地。土地有了，房子怎么盖才好呢？在闽南农村，许多村民一旦有钱都喜欢盖一大栋房子，哪怕是长期空置也觉得无所谓。在我们看来，回老家盖房子，并无长期居住的需求。因此，如果仅仅建成民居或别墅，虽然很合时宜，但明显也是一种浪费。

▪ 2019 年，杜伟华女士与孙燕华院长合影

2016年春节期间，我们一家人利用在厦门过年的机会，来到白鹭洲参观筼筜书院。“旧学商量加邃密，新知培养转深沉”，宋儒朱熹的这句诗在筼筜书院赫然醒目，让我们印象深刻，也加深了我们对传播传统文化的向往。让我记忆犹新的是，家人们都觉得筼筜书院很有特色，因此一致同意在老家建造一座极具闽南特色的房子。值得一提的是，母亲对建造这样的房子也特别赞同，她拿出毕生积蓄支持我们。但就是否也取名书院，我们却经过一番斟酌和思量。

在宅基地上建书院，真有点天方夜谭。主要原因有：第一，1949年新中国成立以来，安溪县在农村建书院尚无先例；第二，祖屋原址偏居小村落的边角，旁边有小溪和水坝，东面和北面都是农田，虽毗邻两三百年前的大祖屋，但一直以来周围都只有一条羊肠小道，距离村中公路还有一百多米，交通不太方便；第三，建一座现代书院需要耗费巨资，从经济的角度考虑纯属投资不良资产。但是，经过慎重考虑，我们最后还是决定修建书院并取名“枫下”，既能完成先父夙愿，也能开辟一方传播国学的新天地。

值得一提的是，左邻右舍对我们的想法非常支持，村支书和安溪县的各级领导，也都非常关心书院的建设工作。几乎与枫下书院建造的过程同步，经兜村在乡村振兴中率先提出了建设美丽“渊兜水乡”的宏伟蓝图并立即付诸实施，该项目一期已建成可供村民休闲游乐和县里党员干部开展党建活动的初心公园。项目二期毗邻枫下书院，所以县里又沿着小溪修筑一条标准的乡村公路，并改造了小溪的堤坝。听说未来小溪边的农田还要改造成花海，逐步发展乡村旅游业，助力乡村振兴。也就是说，至2019年11月，枫下书院将从无路可通变成拥有便捷的水泥公路。这一翻天覆地的变化，看似不可思议，但在我们看来其中有书院的神奇魅力。枫下书院必将融入这个振兴乡村的故事中，积极参与更多的公益活动。

杜：对于书院未来发展，你们有什么样的规划？

孙志伟：2019年初，我们在初步拥有书院建筑主体之时，马上面临建设乡村书院的茫然和艰难，春节期间我们四兄妹又在一起围绕相关问题彻夜长谈，总算理出一些头绪，但也不是很成熟。后来，我们又做了一些思考和实践，试图寻找一系列解决问题的方案和策略，或许也可以对未来兴办乡村书院者提供一些有益的启示。在我妹夫谢金良教授的建议下，我们提出了以下三点想法：

首先是坚持正确的学术导向，坚持以公益为主。有人说，一个书院要有影响力，必须要有大儒名师才行。如此而言，注重学术实属必要。既然是乡村书院，就要更加关心寒门子弟的成长，以公益为主才能不忘造福桑梓的初心，才能不损乡村淳朴的民风。谢教授作为一个长期致力于易学文化教育与传播的教师，希望能充分发挥个人学术特长做一些公益事业，把中国易学与美学文化精髓通过书院平台传播给社会大众，尽力培育更多贤良人才报效国家。有感于此，我们觉得书院建设任重道远，必须当作一件人生大事来努力完成。于是，我们利用业余时间创办了微信公众号“枫下书院在线”，并于今年（编者注：2019年）3月开始陆续推出“枫下论坛”“枫下画作”“枫下阅读”“枫下茶道”和“枫下茶话”等系列专栏。并且加入了全国性的“书院传统和未来发展论坛”微信群，积极参加海峡两岸的国学论坛，与一些著名的书院研究学者建立联系，不断提升枫下书院的文化影响力。

受著名教育家陶行知先生乡村教育理论的启发，今年暑假，利用短暂的回乡机会，我妹妹和妹夫举办了为期十天的公益夏令营，带领复旦大学研究生为村里及周边中小学校学生免费开课，他们的女儿则担任小助教，负责孩子们课前背诵检查及经典领读、民歌带唱等。大家相聚书院，一起学唐诗、背古文、唱民歌，体验中华诗词之美，感受中华传统文化魅力。同时，夏令营还组织了丰富多彩的活动，比如学写新闻稿、展示世界未解之谜等，努力开拓孩子们的眼界。刚开始孩子们并不是那么积极主动，而且学习习惯也不是特别好。学了一段时间后，孩子们懂得了更多知识，回家也会跟家长说：“以后不能随便焚烧垃圾，那样不环保。”让大家感受最深的是，农村孩子对传统的文学、文化教育如饥似渴，村民们也对这种公益活动大加赞赏和由衷感激，这让我们感受到一种从未有过的激动、喜悦与快乐，也看到

▪ 2019 年，杜伟华女士调研枫下书院

了未来书院发展的曙光与方向。最好的教育就是言传身教，最好的教育就是亲自参与。所以，自我管理书院、参与田间劳作，都是孩子们的必修功课。渐渐地，家长们不仅会经常送来蔬菜瓜果，也会来书院一起听课。寒假很快要到了，复旦大学优秀大学生支教队也将在枫下书院开展系列支教活动。

其次是根植本土，面向社会。根据已有的各种资源和条件，初步提出一些发展书院的宏伟构想。书院创立伊始，我们的总体思路就是在引领乡村面貌改善的同时，协助解决乡村文化资源不足的问题，推动乡村文化、艺术、教育、生态等方面的发展，并拓展到县城及周边其他城市。只有使书院的文化影响力逐步得到提升和扩大，更好地服务民众和社会生活，书院才有可能在乡村立足生存，才有可能成为助推社会各项事业发展的有效平台和重要手段。

最后是内引外联，充分调动各方资源。书院创立不久，各项工作都有待稳步推动和落实。我们充分利用现有资源，组织回乡过节的北大、清华、复旦等高校学子举办联谊会，促进在外学子回乡调研、交流与研讨；不定期开展面向县城及周边一带初高中学生的助学讲座，讲座内容涉及“我是如何考上名校的”“我是如何与父母沟通的”“我在大学是怎样学习的”“我是怎样学古文的”“古人是怎样读书的”等，帮助促进广大家长和学生沟通；设立公益图书角，面向书籍缺乏的各级区域学子开放；开设“枫下读易”专题讲座，讲授“五经”之首《周易》的文化思想精髓；举办暑期爱心公益班，招募村里附近学校的中小学生来书院学习中华传统文化。此外，依托复旦大学等名校大学生寒暑假社会实践资源，多层次、多渠道开展乡村支教，为乡村教育开发优质资源。

结 语

枫下书院是一座年轻的书院，也是一座朝气蓬勃的书院。它是孙志宏四兄妹儿时记忆的乐园，更是当地学子健康成长的摇篮；是乡亲们看世界的一扇窗，更是助推当地文化建设的重要平台。祝福枫下书院作为中国书院大家庭中的一员，逐渐成长为乡村书院的典范，为乡村文化振兴贡献更多的力量。

2019 年 11 月 24 日访谈记录

2019 年 11 月 30 日整理完稿

2019 年 12 月 11 日首发于凤凰网国学频道

访谈者杜华伟，哲学博士，兰州交通大学副教授，硕士生导师，中国书院学会理事，安溪凤山书院文化建设学术顾问，《中华优秀传统文化研究》编委，研究领域为书院文化与思想。

受访者孙志伟，出生于枫下故居，现于厦门经商，枫下书院主要创建者之一；受访者孙燕华，文学博士，复旦大学副研究员。

【一点题外话】

与孙燕华老师的相识缘于网络，2019 年三月份的某一天，我的公众号“书院研究”后台收到一则留言，说希望认识杜华伟老师，我回复了自己的微信号（不过没说明是我本人），对方又说不是找小编，是找杜老师。我再次回复“我是小编，也是杜老师本人”。于是，我收到了对方的好友请求，通过后大家礼貌性地互致问候并做了自我介绍。这时我才知道对方是复旦大学的孙燕华老师，她希望转载我对湖南大学岳麓书院邓洪波先生的专访，需要我的“书院研究”为她的公众号“枫下书院在线”开白名单，也希望我们之间能有更多关于书院的交流。此后，我们通过微信有过几次关于当代书院、乡村振兴话题的交流，她还邀请我去枫下书院看看。

有时，缘分就是那么巧妙。参加 11 月底厦门筼筜书院第十一届海峡两岸国学论坛，报道后我在参会名单里看到孙老师的名字，没想到第二天开幕式时，我俩的座位竟然相邻。虽然已成为微友近一年，但还是第一次“网友见面”。大家开心惊喜地打过招呼后，我突然发现旁边还有一位“孙志伟”的坐席牌，我正要感叹怎么这么巧，两位姓孙的学者安排在一起。这时，孙燕华老师说：“旁边这位是我二哥，枫下书院平时很多工作都是他在打理。”原来如此，这一见面就见到了两位枫下书院的主人。于是，利用会议间隙，我专访了孙志伟先生和孙燕华老师，他们讲起兄妹四人创办枫下书院的点点滴滴，讲起枫下书院二代主人参与乡村建设的故事，让人倍觉亲切和温暖。第二天，利用有限的时间，我又和厦门理工学院的王元珍老师一起参观了美丽的枫下书院，在书院旁边的小溪边、田地里，大家开心地聊着书院发展、谈着大学教育，还相约暑假一起带孩子去枫下书院做志愿者……

一转眼，到了12月份，我有幸参加复旦大学主办的“大学通识课程模式创新研讨会”，热心的孙老师早早帮我预订了住宿，晚上又一起在复旦大学图书馆星空咖啡厅喝茶聊天，这时，我已由11月份见面时的“长发及腰”变成了“光头和尚”，她直呼我太勇敢、太有个性了。

此后，我们也经常有微信交流。只是，此刻因疫情原因宅在家里的我们，上上网课、看看书，暑假相聚枫下书院的事可能无法实现了。不过那又有什么关系呢，以后有的是机会……

写于2020年3月25日

▪ 2019年，杜华伟女士与孙燕华院长在复旦大学咖啡馆聊天

12

传播梁祝文化，助推书院教育

——访杭州万松书院原院长邵群

“梁山伯与祝英台”是中国四大民间爱情神话传说之一。书院是中国古代文人读书论道、治学修身的重要场所。梁山伯与祝英台曾同窗三载的杭州万松书院，是浙江历史上的最高学府、孔氏南宗阵地和王学重镇。于2002年复建的万松书院，将“梁祝”故事与书院教育有机结合，经过10多年的发展，在传统文化传播方面取得了不俗成绩。2019年10月25日，“第二届中国全民阅读大会”期间，笔者有幸采访了时任杭州西湖风景名胜区花港管理处副书记的杭州万松书院原院长邵群女士。在谈到万松书院的定位与未来发展时，邵院长那江南女子所特有的温柔语调中带着坚定的语气，说：“梁祝之恋，其情真意切的爱情感动了太多中国人。这里的林涛有书声，这里的松香有情分。所以，我们将‘梁祝’故事与‘成人’‘成家’相结合，经过十几年的苦心经营，万松书院目前已成为每年接待40万国内外游客的热门景区和学习场所，大家在这里欣赏美景的同时也深受传统文化的熏陶。传播梁祝文化，助推书院教育，我们一直在路上。”

杜华伟（以下简称杜）：邵院长，您好！首先感谢您接受访谈。万松书院曾是杭州四大书院之首，是明清之际杭州规模最大、影响最广的文化圣地，梁山伯与祝英台的爱情故事更是一段动人心魄的美好传说。作为杭州万松书院的研究者、曾经的院长，今天想请您谈谈当代万松书院是如何将民间传说与传统文化教育有机结合的。

邵群（以下简称邵）：谢谢杜老师的访谈！西湖不仅有秀美景色，更有深厚的文化积淀，梁山伯与祝英台不仅拥有甜蜜的爱情故事，更有共读诗书、修己利人的远大追求。万松书院立足“成人”与“成家”这两大人生主题，将美丽的梁祝爱情与当代人对传统文化的需求有效对接，几年来取得了相当的成绩。在此，我愿意将我们的探索之路分享出来，希望对书院同道有所帮助，也希望得到更多专家学者的指导与支持。

杜：请您简要介绍一下历史上的万松书院。

邵：万松书院位于西湖南缘的凤凰山万松岭，离西湖仅3分钟的车程。万松书院得名于白居易“万株松树青山上，十里沙堤明月中”的诗句。明弘治十一年（1498），浙江右参政周木将唐代报恩寺改建成万松书院。康熙十年（1671）重建，改名为太和书院。康熙五十五年（1716），御赐“浙水敷文”额，所以改名为敷文书院。光绪十八年（1892）迁至城内，称敷文讲学之庐。

历史上的万松书院有四个显著特征：一是浙江最高学府，二是孔氏南宗阵地，三是王学重镇，四是皇帝频频眷顾之所，它是引领明清时期江浙书院教育发展的著名书院。自创建后，弦歌相续，绵延办学，浙江全省最高学府的地位，历明清四百余年而一直保持不变。在明代，诚如王阳明先生所说，在全省“抡彦选俊”。在清代，全国聘请山长，通省选择生员，位列大清帝国23所省会书院之前茅。尤有甚者，在秀才之外，收考举人，其办学层次明显高于全国大多数“省会书院”。

万松创建伊始，即建仰圣门、大成殿，塑孔子圣像，置祭田、祭器，

▪ 2019年，杜华伟女士访谈邵群院长

聘衢州先圣五十八代孙奉祀事，优礼有加，这是天下名书院绝无仅有之盛举。由此，万松变成了孔氏南宗的阵地。明嘉靖四年（1525），阳明先生作为风动朝野的学术领袖居家讲学，应省城大吏之邀，撰《重修万松书院记》，大倡其“良知”“良能”之学，且以“明伦之外无学”警士，万松遂得与绍兴稽山并称为越中王门两大学术重镇。

书院为皇帝所眷顾，发生在康乾盛世。康熙皇帝游历书院，作《万松岭诗》，内有“我愿树人常似此，讲堂近接号敷文”之句，且赐御书“浙水敷文”匾，书院遂得改名。雍正皇帝发布上谕，命建省会书院，给帑金、颁经籍、延师督课，敷文遂得成为两浙最高学府。乾隆皇帝六下江南，六次临幸书院，皆与师生讲学，每次都留下行书《御制敷文书院诗》一首，其宠幸无以复加。纵观清代5800余所书院，这是空前绝后的殊荣。直至今日，它的教学、藏书、祭祀制度，求真务实的学风，以及精干的管理机构、经费的多渠道筹集、学规章程的可操作性等仍有着深远的影响。

杜：近年来，新书院在全国各地纷纷兴起，并呈不断增长之势。古书院复建是当代书院的一种重要模式，请问现在的万松书院是从什么时候决定复建的？

邵：从1999年起，在马时雍、王其煌和张建庭等热心于杭州历史文化遗产保护的领导学者及社会各界人士的呼吁下，杭州市园文局对书院遗址进行了初步整修。2001年7月，万松书院复建工程启动，2002年10月书院建成并正式对外开放。

复建后的整个书院占地约6万平方米，是西湖周围唯一以书院文化为主体的文化公园。书院以清乾隆《南巡胜迹图》中的《敷文书院》为蓝本，以自然山体、林木、古藤和奇石为背景，采用中轴对称、纵深多进的院落形式，其主体建筑，如品字型牌坊、仰圣门、毓粹门、明道堂、大成殿和“万世师表”平台等都集中在中轴线上，学斋和御碑亭等分列两侧，其他的亭台楼阁则依据自然山势，星罗点缀。明道堂为书院讲堂，陈设展示中国历代科举文化。大成殿为祭祀孔子处，设有“孔子行教图”壁画。毓秀阁原为接待各地访问学者的处所，现辟有“梁祝书房”，展现梁祝当年“促膝并肩，共读诗书”的动人场景。整个建筑群落仿明式形制，用粉墙、粟柱和黛瓦的素朴淡雅，凸现“求之于心而无假以雕饰”的风格，使书院处处散发浓浓的书卷气息。

为使万松书院能够完整再现古代书院必备的藏书、祭祀和讲学三大功能，让游人对古代书院的教育形式有更直观清晰的感知，2004年、2009年、2019年，杭州市政府又投资增建讲堂“正谊堂”及部分配套设施，其建筑风格与室内陈设风格与原有建筑一脉相承，既完整地展现了古代书院的风貌，又满足了现代旅游业的实际需求。院内还有浙江省省级文物保护单位于子三墓、杭州市市级文物保护单位万松书院遗址以及可以印证书院历史的五十多品摩崖石刻等文物古迹。

杜：相信《梁祝》这首千古爱情名曲听多少次都让人感动如初。杭州万松书院作为梁山伯与祝英台的读书之地，自然令人流连向往。今天，请您为大家讲讲“梁祝之会”的美丽传说。

邵：“梁山伯与祝英台”是中国四大民间爱情神话之一，最早见于1400多年前南朝的《金镂子》，以后初唐梁载言的《十道四蕃志》、晚唐张读的《宣室志》、宋代李茂诚的《义忠王庙记》、明代冯梦龙的《古今小说·李秀卿义结黄贞女》入话、清代吴景樯的《祝英台小传》等作品中都有详细记述。元代白仁甫以此为题材创作了杂剧，后来我国绝大多数剧种均移植上演，成为传统戏剧的保留节目。该故事说的是浙江上虞祝员外之女祝英台，女扮男装到杭州读书，途中偶遇会稽书生梁山伯，两人一见如故，于是就在柳荫下义结金兰。而后二人又同在杭州万松书院同窗共读三年有余，他们在学业上互相帮助，在生活上相互照应，结下了深厚情谊。山伯生性憨直，始终未察觉英台为女儿身，而英台却早已芳心暗许，三年同窗朝夕相处的点点滴滴都化作刻骨的相思。三年后祝父催英台回家，英台以随身佩带的玉蝴蝶扇坠作为信物暗托师母做媒。在离别的“十八相送”途中，英台一次次借景喻情，向山伯暗示自己为女子，但山伯依然懵懂不解，后经师母点破才恍然大悟，遂兴冲冲赶往祝家求婚，但祝父已将英台许配给上虞太守之子马文才了。山伯在凄楚悲愤中与英台“楼台相会”，满腔热情化作乌有，回家不久即郁闷而逝了。英台闻此消息悲愤不已，结婚当日要求先到山伯墓前拜祭，否则宁死不上花轿，祝父无奈只得答应。英台在墓前哭祭时，突然天昏地暗、电闪雷鸣。在狂风暴雨中坟墓豁裂，英台纵身跃入后墓包徐徐合拢。过后，风雨顿息、阳光灿烂，山伯英台化作一对彩蝶飞舞而出，他们的爱情在历经风雨后终获自由和再生。

20 世纪 50 年代，著名作曲家陈钢将《梁祝》谱写成小提琴协奏曲，使《梁祝》走上了国际舞台。1954 年，周恩来总理参加日内瓦会议时，将我国第一部大型彩色戏曲艺术片《梁山伯与祝英台》介绍给各国记者，称之为“中国的罗密欧与朱丽叶”，从此“梁祝”的故事在世界范围内广为传播。千百年来，“梁祝”故事经过历代作家和民众的不断改编和创造，虽然“异文”很多，但其母本早已定型：“乔装求学”“草桥结拜”“同窗共读”“十八相送”“楼台相会”“哭坟化蝶”等主要情节始终未变，其歌颂自由爱情的主题也始终未变。

杜：请问“梁祝”的故事是如何与万松书院结缘的？

邵：最早将“梁祝”的故事与万松书院结缘的，是明末清初寓居杭州的著名剧作家李渔所创作的《同窗记》。《同窗记》中处处凸现出鲜明

▪ 邵群院长在万松书院现场讲课

的杭州地域特色，如梁祝分别从家乡（会稽、上虞）渡钱江在草桥门偶遇而义结金兰，在当时杭州最著名的书院——万松书院同窗共读，三年后分别时沿着长长的凤凰山古道送别。作者把固有的书院、山川、草桥和长亭等都编织进故事当中，增添了故事的说服力和渲染力。所以，近代的许多电影、电视都是根据这个版本进行改编的。美丽传说使肃穆的书院有了温馨的情感，真实的书院又使民间故事有了可信的背景。

2001 年重建万松书院时，我们意识到“梁祝”传说与书院文化的结合有着不可估量的价值，因此将“如何使梁祝故事不着痕迹地融入景区建设中去”列为首要课题。经过多次专家座谈论证，大家认为要打好“梁祝”牌必须要掌握“度”，即万松书院既要体现古代书院教育的历史及其文化内涵，又要充分利用“梁祝”故事这一不可多得的民间文化遗产。重建后的万松书院设置了一明一暗、一实一虚两条文化主线：明为“明清知名学府”，暗为“梁祝爱情之地”。建筑的中轴线上以古代书院的布局为实景，而在右侧石林中又依自然地势巧妙点缀与梁祝“十八相送”有关的场景，如观音堂、草桥亭和独木桥等，美丽的爱情传说与肃穆雅静的书院虚实结合，相映成趣。

2007 年 10 月，在杭州市政府推出的“三评西湖十景”活动中，万松书院凭借浓郁的文化氛围、动人的梁祝爱情传说和独具一格的亲和力在众多景点中脱颖而出，被誉为“万松书缘”，成为新一代西湖十景之一，这使万松书院与“梁祝”传说更加具有文化魅力。

杜：听说最早复建万松书院的活动是从相亲会开始的，请您简单介绍一下。

邵：其实，我们认为，“成人”和“成家”是人生的两大主题，也是万松书院蕴含的文化特征。所以，自 2002 年 10 月开放以来，借助社会各界的力量，我们给万松书院设定了两个文化产业，即成人、成家。“成人”就是在书院这个特定的学习场所，努力学习中国传统儒家文化，从古圣先贤的经典著作中学习做人，其延伸产物为“万松讲堂”。“成家”就是从“梁祝”爱情故事中派生出来的找寻意中人，成家立业的意思，其延伸产物为“万松书院相亲会”。

自2005年开办“万松书院相亲会”以来，书院作为公益红娘，每周六上午为杭州人提供相亲平台，逐渐受到越来越多的人关注和参与，境内外媒体争相报道，万松书院由此名声大振。所以留给外界的印象便是“万松书院的再度兴盛是因为相亲会的成功”。在我的心里，万松讲堂的国学传播应是“红花”是主业，相亲会是“绿叶”兼副业，没想到很多人对万松书院的认识仅仅停留在“是一个相亲的地方”，鲜有人知晓这里曾是浙江省的最高学府，是文人雅士读书治学的地方。“相亲会”犹如一把双刃剑，一方面大大提升了景区的知名度和美誉度，另一方面也让人们对万松书院的认识不够全面。为此，我们加大了开展万松讲堂等文化活动的力度。

从2005年起，万松书院一直致力于传统书院文化的继承和传播，希望通过各种文化体验活动的推广，让传统书院中“弃浮华、标真谛”的学风、“学、问、思、辨”的学习方式渐入普通民众之心，为忙碌的现代人提供一方学习传统文化的净土。这些年来，万松书院针对各个年龄阶段的人群开展了多种形式的文化活动。一是面向青少年开展国学文化体验亲子活动，比较有影响力的有“入泮礼”“成人礼”和“春禊”等活动，让学生通过体验传统习俗，汲取尊师爱学的精神。2018年书院在延续“六艺”传统的基础上，创新升级了“奔跑吧，小学童——书院游艺会”等寓教于乐的活动，丰富多彩的项目让孩子们既增长了知识又锻炼了身体。2018年，万松书院累计接待学生近三万人次。二是面向国学爱好者开展讲学活动，推出“万松讲堂”，邀请国内外知名学者登坛讲学，将优秀传统文化由书斋带到普通民众日常生活中。三是编印相关典籍，扩大传播范围。2003年杭州出版社出版了《万松书院》，2008年又出版了《万松书缘》，2011年汇编了《万松讲堂壹周年纪念文集》，2014年湖南大学出版社出版了《万松书院》。可以说，万松书院多层次的文化体验活动正在以春风化雨、润物无声的方式影响着杭州人的生活。现在，带孩子去书院听讲座、习古礼，已悄然成为一种新时尚。

杜：在本次“当代书院与全民阅读”论坛上，您的发言题目为《万

▪ 2019 年，杜华伟女士在广西漓江书院阅读

松声里播歌弦》，请问主要介绍了哪些内容呢？

邵：我本次演讲题目为“万松声里播歌弦——杭州万松书院国学文化传播”，主要内容分四个部分，即万松书院历史、梁祝传说与万松书院的关联、当代万松书院的文化传播和结缘南宁。主要是想让大家知道历史上万松书院的辉煌成就，以及当代万松书院在国学文化传承与传播方面都做了哪些工作。我特别想让大家知道的是，一座有着五百年历史的古老书院在今天是如何担当文化使者、用世界的语言讲好中国的故事，是怎样担起传播中国传统文化重任的。当然，我也期待通过这样的交流，能引起您以及更多专家学者和传播平台对万松书院的关注，为书院发展带来更多更专业的指导。

杜：请您详细介绍一下您所编著的《万松书院》一书。

邵：著书讲书本来就是古代书院的一大基本功能，当代书院进行国学传播，除了公益讲座、游艺活动等，也应该有学术层面的专业研究。我所编著的《万松书院》是2014年3月由湖南大学出版社出版的《中国书院文化丛书》之一。全书共有七章内容，分别为：万松书院的历史沿革（介绍万松岭的地理山川、万松书院的前身、明代万松书院的创办、清代万松书院的昌盛、近代万松书院的衰败和现代万松书院的复兴）；万松书院的教学与管理（包括万松书院的教学形式、学规、章程、课艺、礼仪、考课及组织管理）；万松书院的三大规制（即万松书院的藏书、祭祀和学田）；万松书院的建筑（介绍了万松门、名人塑像、“品”字石坊、泮池、仰圣门、毓粹门、居仁斋、明道堂、颜乐亭、大成殿、毓秀阁和节义亭等所有建筑）；万松书院的石刻（包括尚存的历代石刻、新刻的重要碑石和原有的重要碑文）；万松书院的诗赋（包括师生同和御诗、山长诗觅奇石、袁枚诗怀先师和书院纪事题咏）；万松书院的历代名人（包括历代山长、名师、名徒和访问学者）。本书对万松书院进行了通俗而全面的介绍，以便广大旅游者和书院文化爱好者能清晰地了解这份珍贵的历史文化遗产。

杜：当代书院数量众多，形态各异，交流互通是促进书院发展的重要渠道。请问万松书院有哪些对外交流活动？

邵：当代书院是在继承古代书院精神的基础上，为满足当代人学习传统文化的需求而设立的机构，它不能故步自封，必须与同道进行交流。复建后的万松书院不仅经常与岳麓书院、台北书院等著名书院进行学术交流和活动合作，更着眼于搭建国际交流平台，曾与韩国全罗南道的毕岩书院、光州广域市月峰书院、罗州乡校和光州乡校等缔结为友好院校，进行互访交流活动。

尤其是2019年杭州市与意大利维罗纳市建立友好关系后，万松书院更发挥着重要的对外交流作用。两市签署的《中国杭州市与意大利维罗纳市在各自被列入联合国教科文组织世界遗产地名录的遗产地之间进行推广、开发和共享的友好关系协议》中，计划以罗密欧与朱丽叶、梁山伯与祝英台的爱情故事为切入点，以高层互访、文化交流和旅游互动等形式，推动杭州和维罗纳在世界遗产保护方面的互学互鉴以及文化、旅游等领域的合作交流，这份协议为位于古代丝绸之路两端的杭州和维罗纳文化交流拉开了序幕。2020年中意建交50周年之际，中意双方将互办文化和旅游年，活动覆盖表演艺术、视觉艺术、创意设计、文化遗产、旅游和影视等多个领域。

杜：杭州与意大利维罗纳市的交流，万松书院是否也参与其中？

邵：当然，万松书院不但参与其中，而且担任着文化使者的重要角色。杭州万松书院是爱情传说中梁山伯与祝英台同窗共读之地，而古老的维罗纳市在莎士比亚笔下孕育了罗密欧与朱丽叶的伟大爱情。这两个城市都是浪漫的爱情之都，又都有着悠久的历史和深厚的文化积淀。在9月份意大利维罗纳市访问团来杭州交流期间，万松书院被作为全面展示儒学文化、爱情文化和东方文明的重要阵地。在书院，访问团欣赏了一台沉浸式戏剧——“遇见梁祝”。这场戏剧没有“舞台”，演员就在书院各处实景中进行表演。诵读经典、祭孔仪式生动地诠释了古代中国书院的学习场景，“三年同窗”“十八相送”等场景美妙地展示了爱情的内涵。

同时，书院还通过游线安排，将西湖的湖山、江南的烟雨纳入其中，淋漓尽致地表达了东方的美学意境。最令人意外的是，梁山伯与祝英台、罗密欧与朱丽叶，竟能同台表演，中西文化的共融受到意大利访问团极高的评价。我们还让维罗纳市市长在万松书院御书楼存诚阁学写毛笔字，市长先生非常开心。还有，杭州市为这次文化交流专门开辟了“1314 路”“WE1314 路”两路“中意巴士”。“1314”是“一生一世”的谐音，既表达了对爱情的美好祝愿，也象征着中意友谊地久天长。

2019 年 9 月 6 日，杭州孔庙举办了“杭州市与维罗纳市文化遗产学术交流论坛”，这次论坛就两市在世界文化遗产资源管理、保护和利用等方面展开了学术交流与讨论。中国和意大利均以拥有丰富的文化遗产享誉全球，意大利维罗纳、中国杭州西湖文化景观、中国大运河（杭州）、良渚古城遗址先后被列入世界文化遗产名录。此次文化交流推动了杭州和维罗纳在世界遗产保护方面的互学互鉴。维罗纳市市长费德里科•斯博阿里纳在现场表示，两市签订文化协议是中国和意大利文化交流很好的开始，也是促进文化、经济和旅游多方面发展的好机会。

杜：这次在南宁参加书院文化论坛，对您来说，是否有什么特殊意义？

邵：万松书院与南宁还真的是有缘分的。2019 年第十二届中国国际园林博览会在南宁举办，杭州园以“万松书院”为主题，凸显了家喻户晓的“梁祝”文化，将西湖自然景观、人文内涵与桂邕山水完美融合。建成后，领导称赞、百姓叫好，同时惊艳了八方来客。于是，世博会组委会几乎将所有的大奖都颁给了杭州园。南宁园博会虽已落幕，但杭州园里的万松书院永久地留在了邕城。杭州与南宁因为万松书院紧紧联系在了一起，还持续着文化与旅游等多方面、深层次的交流与合作。所以，在南宁参加“当代书院教育与全民阅读”大会感觉分外亲切。而且很荣幸能做大会主题发言，向书院研究同道和广大市民讲解万松书院的历史发展及当今在国学传播方面的做法，这对我来说更是难以忘记的经历，欢迎大家去杭州万松书院参观交流。

杜：谢谢邵院长接受访谈，祝愿万松书院站在两大爱情之都友好交流的新起点上，不断创新进取，取得更好成绩！

邵：谢谢！也希望我们能共同推动书院教育，让更多人了解并热爱传统文化，在学习传统文化中观照内心、提升自我，一起建设和谐幸福的当代社会。

结 语

2019 年 3 月，杭州与维罗纳两大爱情城市签署友好关系协议，既为杭州提供了更多的发展机遇，也为万松书院的国学传播带来更大的平台与责任。正如邵群院长所说：“传播梁祝文化，助推书院教育，我们一直在路上。”

2019 年 10 月 25 日访谈记录
2020 年 2 月 1 日整理完稿
2020 年 3 月 6 日首发于凤凰网国学频道

访谈者杜华伟，哲学博士，兰州交通大学副教授，硕士生导师，中国书院学会理事，安溪凤山书院文化建设学术顾问，《中华优秀传统文化研究》编委，研究领域为书院文化与思想。

受访者邵群，文物博物研究馆员。现任中国书院学会理事，杭州市风景园林学会文化艺术专业委员会主任、杭州西湖风景名胜区灵隐管理处副书记、副主任。主要研究方向为西湖文化与地方文献、古代书院文化、不可移动文物保护等。著有《万松书院》《透过“良渚共识”谈南宋皇城遗址的保护和利用》《万松书缘》，合著有《杭州凤凰山摩崖萃编》《杭州花港摩崖萃编》等 10 余本（篇）著作或论文。担任“从天真精舍析阳明心学对杭州众书院的办学影响”课题组长，参与《西湖文献集成》《浙江通志 • 西湖卷》等著作编撰。

【一点题外话】

与邵群女士相识，缘于“书院研究”公众号发布她的《万松书院》书讯，这本书是作者多年来从事万松书院管理与研究的成果。后来在湖南汨罗屈子书院参加“第八届东亚书院国际学术研讨会暨 2019 年中国书院学会年会”时，才算是真正的“网友见面”，大家一见如故，尽情地聊着关于文化、书院、西湖、梁祝的话题，自然还少不了女人

▪ 邵群院长在“万松书缘”前留影

之间关于美衣美食的话题。梁祝爱情家喻户晓，但如何通过这段美好的民间传说让大家进一步了解书院文化，自觉学习中华优秀传统文化，这是我俩探讨的关键与核心。于是，我便有了专访邵群女士的念头，跟她一讲，她也爽快答应，说会后我们再分别认真思考思考，下次见面可以深入讨论。正好半个月后我们又一起参加在南宁举办的“第二届中国全民阅读大会”，并且同时在“当代书院教育与全民阅读”分论坛上做了主题发言。因为有了上次的约定，这次两人都是带着“任务”来的。在书香四溢、环境雅致的漓江书院，我对邵群女士做了正式访谈，从万松书院的前世到今生，从梁山伯与祝英台到罗密欧与朱丽叶，从书院文化学术研究到传统经典全民推广……虽然只是我们两人在聊，但刚刚参加完论坛的书院同道，正在书店看书的读者，会务组的工作人员，也都饶有兴趣地参与旁听。

之前的访谈稿基本都是半个月左右即能整理完成，可这次访谈却因为这样那样的杂事被搁置了好久，其间我几次向邵群女士表示抱歉，每次她都善解人意地说：“没关系，大家工作都忙，可以理解。”2020年春节，因为突如其来的疫情，大家只能宅在家里，我正好趁此机会认真完成这篇访谈稿，顿时心里踏实多了。稿子虽然于2月1日整理完成，但因为疫情全国都推迟了上班时间，直到3月6号，长期合作伙伴凤凰网才正式将稿件推出。

记于2020年3月28日

13

家风建设筑牢根基，文化传承服务社会

——访西安市唐少阳文化研究院院长杜艳妮、童亮

成立于2018年4月29日的唐少阳文化研究院，立足于西安悠久厚重的文化底蕴，回应现代人重回传统、观照内心的强烈文化需求，以接地气、有温度、重创新的方式传播优秀传统文化，在两年多的发展历程中取得了不俗的成绩。2020年7月25日，笔者赴研究院实地调研并访谈了院长杜艳妮女士和童亮先生。在谈到唐少阳文化研究院的未来愿景时，杜院长坚定地说："家风建设让我们的文化传承更有温度，服务社会让我们的文化传播更有价值。在文化研究院持续发展的基础上，未来我们会做一家更纯粹、更静心的书院，让传统文化真正成为每个现代人的生活底色。"

杜华伟：杜院长好，童院长好！首先感谢两位接受访谈。传统文化是中华民族的根与魂，是每位中国人都有责任和义务去学习、传承的精神财富。唐少阳文化研究院作为一家年轻的传统文化传播机构，在两年多的发展历程中取得了相当成绩，值得祝贺！今天想请两位谈谈作为一家民非机构，研究院是如何将中华优秀传统文化与现代人的文化需求有机结合的。

▪ 2020年，杜华伟女士访谈杜艳妮、童亮院长

杜艳妮：谢谢杜老师的访谈！自唐少阳文化研究院成立到现在，我们一直在摸索、一直在创新。两年多经历了一定的困难，也取得了一定的成绩。在此，我们愿意将自己的探索之路分享出来，希望对致力于传统文化学习与传播的同道有所帮助，也希望得到更多专家学者的指导与支持。

杜华伟：先请两位简要介绍一下唐少阳文化研究院。

杜艳妮：西安市唐少阳文化研究院位于国家4A级景区大明宫国家遗址公园少阳院，由西安市文化和旅游局批准，西安市民政局发证。研究院室内占地面积1200平方米，分东西两区，东区为文化体验区，西区为文化交流区，同时配备150亩的室外文化交流活动区域。

研究院日常开设系列国学经典讲习课程，通过对国学文化精髓与儒释道经典的研读和综合诠释，辅之以棋、琴、书、画、茶、香、木鸢、古建、手工等中式文化生活与艺术实践，以论坛、讲堂、培训、课题、展览、雅集、生活体验等形式，开展传统文化的整理、讲习、交流、传播和创新活动，提供青少年学习体验传统文化、专家学者切磋论道的综合平台，两年来共举办活动150余场，参与人数超过两万人。

童亮：建筑、装饰是无声的语言，它以独特的方式向人们传递着特定的文化理念。唐少阳文化研究院文化体验区的内部装修设计是在结合场馆所在地缘文化特色的基础上，将唐代的历史文化元素、建筑装饰风格和动静功能划分融入整个场馆的设计细节中。从一进门的玄关区，经茶空间区，到古琴体验区，再到文化活动沙龙区，最后到书吧区，不管是砖灰色的地面，还是原木色的家具，都最大限度地还原了中华优秀传统文化的特质。同时，墙面展框中丰富多彩的展示内容，又生动地反映出家风馆是如何通过文化活动的形式，将中华优秀传统文化在创新中传承的。展览教学区的内部装修设计则主要从书、画、木鸢、陶艺、古建等优秀文化资源所表现的文化特色出发，结合推广教学体验的需要，直观地将博大精深的传统文化展现在参观者眼前，使文化以生动活泼的样态走进每个人的日常生活，从而激发大家学习传统文化的兴趣与热情。

杜华伟：资料显示，您所创办的机构既称唐少阳文化研究院，又称唐少阳书院，请问这二者之间是怎样的关系？

杜艳妮：我们最初申请的名称是唐少阳文化研究院。其实当时也可以做书院，但思路不是很清晰，毕竟我们是一个新生书院，不像西安的横渠书院、白鹿书院历史那么悠久，怕最后把书院做成了简单的旅游景点。所以，经过认真考虑与论证，我们注册了民非性质的文化研究院，这样可开展的活动就更丰富些。而且，民办非营利机构可以得到更多政府支持，这对于一个新生书院来说至关重要。当然我们也挂牌了唐少阳书院，现在针对青少年的很多活动主要以书院模式进行，比如我们的童学馆、一一学堂开展的开笔礼、拜师礼、入泮礼、少儿文化体验和六一节的“大手拉小手”庆祝活动等。

童亮：可以说，我们以研究院入手，书院也在同时运行，两条腿走路。文化研究院解决书院的基础业务问题，研究院下设的家风馆、国医馆、少阳画院、木艺工坊等部门，全方位多角度地开展业务。我们有足够的空间和平台，但不可能每一领域都具备专业人才，所以我们实行合作共赢机制。有一些很棒的团队已经有了相当的成绩，请他们加入进来，借助于研究院的平台，大家一起做更多更专业的事。前期通过研究院的自我造血功能先稳定地生存下来，将来会再升一级，专注地做一个很纯粹、很静心的书院。

杜华伟：家风建设是一件“人人可参与，人人必受益”的事情，请问家风馆对市民的影响如何？

童亮：自古以来，中国人就非常重视家庭、家风在个人成长过程中的作用。习近平总书记关于家风有很多重要论述，他说：“家庭是人生的第一个课堂；家风是一个家庭的精神内核；家风是社会风气的重要组成部分。”他还指出：“无论时代如何变化，无论经济社会如何发展，对一个社会来说，家庭的生活依托都不可替代，家庭的社会功能都不可替代，家庭的文明作用都不可替代。”的确，家风关乎每个人的生活、工作，关乎整个社会的运行发展。其实如果每个人都能做一个好儿子、好女儿、好爸爸、好妈妈，整个家庭自然就和谐了，现代公民社会建设也就是水到渠成的事情了。我觉得现在过分强调男女平等也是有问题的，爸爸不像爸爸，妈妈不像妈妈，角色出现错位，家可能就缺少温暖与和谐。为了更好地传承优秀家风家训，建设美好幸福家庭，我们唐少阳文化研究院专门设立了家风馆。在这里，大人和小孩都可以通过切身体验来感知和了解家风，从而自然而然地加入到学习优秀家风、传承优秀家风的队伍中。

杜艳妮：家风馆可以说是我们的“得意之作”，对此我必须多说一些（笑）！刚开始我们在很多合作机构里优选，以确定我们的业务范围，在两年多的运行过程中，我觉得做得最成功、影响最大的就是家风馆。其实老百姓还是觉得书院、研究院离自己比较远，而家风馆让普通人可以触及我们的传统文化，一下子就拉近了老百姓与文化的距离，让书院变得更加有温度了。

在家风建设中很重要的一个内容就是“孝”。有些机构做孝道传播真的很让人受不了，大家在现场痛哭忏悔，在台上跪着给爸妈洗脚。其实，这更多的只是让大家在那一刻被现场气氛所煽染，不见得是符合教育规律的。我觉得孝道并不一定体现在当天给父母洗脚，而是在

▪ 2019 年，杜华伟女士和杜艳妮院长在“第十一届海峡两岸国学论坛”会场合影

日常生活中做好平常事。我们的家风版块做得很接地气、很贴心，比如让孩子通过奉茶学习礼仪，通过《常礼举要》知道日常行为规范；比如让大家了解就餐时哪里是上座、哪里是下座，长辈在哪、晚辈在哪，宾客们的坐次应如何安排等。这些礼慢慢延伸出来，大家都守礼了，“孝”自然也就体现出来了。“家风”也是传统文化，而且是传统文化中很重要的部分，我们每年做的家风巡展，还有征文、演讲、文化体验等活动，都能让市民在轻松愉悦的活动中自然而然地接受家风文化及其他传统文化的熏染。

杜华伟：请问从研究院的活动来看，普通市民学习传统文化的热情和意识如何？

童亮：我们并没有针对大多数市民去做书法比赛、学术讲座之类的活动，而是利用诸如七夕、端午、元宵等传统节日做相应的活动。我们会设计很多游戏，比如七夕节乞巧、元宵节猜灯谜、端午节绣荷包等，因为做的是接地气、有温度的活动，所以市民的参与意愿非常高。这样一来，大家自然在活动中了解到传统节日背后的文化意蕴，而不是仅仅停留在端午节吃粽子、元宵节吃汤圆这样的浅层习俗上。当然这并不是说专门的学术研究不重要，它也很重要，但我们这样的贴心活动受众面更广，更便于推广。生活习俗、传统饮食中所蕴含的文化也需要上升到学理层面，在与高校等研究机构的合作过程中，学理研究可以交给他们来做。

杜艳妮：平时，我们还会开设插花课、书法课、茶艺课等，但都避免一上来就干巴巴地讲理论，而是注重参与者的自身体验。比如妈妈书法班，我们先点上香、放上音乐，让参与者静下来，再开始抄写自己选定的内容。我们不一定要求她写得多专业、多美观，而是注重在写字的过程中真正静下来，可以与自己的真实内心对话。今年端午节我们承办了省妇联的活动，其实真正会女红的人并不多，但这并不妨碍大家的热情参与。在这里他（她）们放下了平时的职业身份，只是以一个体验者的身份，全身心地投入到绣荷包活动中去。很有意思的是，最后获得前三名的竟然全是男士（笑）。其实在这个绣荷包的过程中，也就参与体验了文化。用这些有温度的活动让大家静下来去体验，就是在传播传统文化。

杜华伟：无论古代还是现代，资金和学田始终是书院发展的重要保证，请问唐少阳书院如何解决这一问题？

杜艳妮：为了解决书院运营资金的问题，我们在两年多的时间里尝试了很多种业务，慢慢摸索出几个版块，最重要的有两个：一是研学，二是文创。除此之外，今年（编者注：2020 年）还新成立了教育科技文化传媒公司，希望增强自我造血功能，从而有更大能力投身传统文化传播。

先说研学这个版块。我们在解决书院运营资金的同时，更注重课程质量，我们的课程全部围绕传统文化来设计。比如茶艺课，不一定要让孩子知道这是什么茶、要怎么泡茶，而是告诉他茶要怎么“奉”，第一杯茶如何端、如何奉。这次奉茶做到了符合礼仪、符合孝道，下次他给爸爸妈妈递东西时自然就合乎礼仪了。同时我们还增加了射礼、投壶这些小朋友感兴趣的活动，看起来我们做的好像是很末稍的文化传承，但是因为用了另外一种方式，反而比专门讲礼仪更为有效。

我们之前给小朋友做“孝”的课程时，设计过一个特别好玩的体验游戏：给每个参与的小朋友发一个生鸡蛋，让他（她）把鸡蛋揣在衣服里，当作自己的小宝宝。告诉他一定要保护好自己的宝宝，今天要模拟妈妈一天的活动，要走路、要买菜、要上班，要“带”着“小宝宝”逛公园……小朋友们兴高采烈又小心翼翼地走了一圈，回来时六七个孩子中只有一个人的鸡蛋没打碎。孩子们哭了，有的说“我没有把自己的宝宝保护好”，有的说“我妈妈每天就这么揣着我，太辛苦了”……鸡蛋完好的那位小女孩一脸自豪地说：“我太幸福了！我以后也要像妈妈保护我一样把我的宝宝保护好。”这样的体验活动既契合了小孩子喜欢过家家的特点，又让他（她）真真实实地体会了妈妈的辛苦。如果仅仅跟他（她）们讲十月怀胎有多辛苦，孩子不一定能理解，我觉得这比让他（她）给家长洗脚更有效、更绵长。

童亮：目前书院的文创产品也属于学田的一种，能够在一定程度上解决资金问题。我们的产品开发也是完全围绕传统文化进行的，每一件作品都称得上是传统文化的载体，既给人以美的享受，又传达着一定的文化理念和价值取向。

杜华伟：请问在研究院发展的过程中，如何观照员工的自我成长和发展？

杜艳妮：我之前做了近20年的企业，曾获“创业之星”“光彩之星”“青年文明号”等荣誉称号，我与我的员工就是一个共同体，并不是说我作为领导高高在上，指挥这个指挥那个。在这个团队里，年轻人有年轻人更擅长的，我则在经验方面更胜一筹，大家通力合作才能把事情做好。现在做研究院也是一样，员工的职业生涯规划必须与机构发展同时进行，平时的一些学术会议、外出交流学习，我都会派员工轮流参加，员工的收入和福利也不错。今年情况特殊，疫情的确

▪ 2020年，杜华伟女士调研唐少阳文化研究院

带来不小的影响，到三四月份的时候，我告诉员工如果有好的发展平台可以选择离开，但让人感动的是基本没有人离开，大家选择留下来一起克服困难，实现自救。能选择留下来，就说明大家是爱这里的，说明这个团队是值得大家珍惜的。我和童院长到现在一直都没有领工资，目前我们实行倒班制，既能让研究院照常运转，大家又可以有灵活的时间做点其他事情，以应对生活压力。

今年，我们家风馆的李喜研被评为“西安市最美女性”，我获得了“未央区最美女性”的称号，她比我更“美”（笑）。在工作过程中，她带头成立了家风馆志愿服务小组，以妇女、儿童为服务对象，多次组织妇女群众趣味活动以及文化交流，定期开展业务技能、心理指导和诚信文化等培训。通过书法学习、插花技艺、陶艺制作和古琴雅集等项目关注女性的文化内涵、身心健康和审美意识等综合素质。在此过程中既使自己的工作能力得到了提升，又增进了团队的亲密互动，激发了大家的工作热情。所以说，只有员工在工作中感受到快乐，实现了自我价值，他（她）才会爱这份工作，我们的机构才能不断发展。

杜华伟：请问唐少阳文化研究院在与本地高校合作方面有哪些举措？

童亮：我们始终是一个很开放的态度，自己不擅长的部分就积极寻求外部合作。我们擅长的是经营和整合资源，但不擅长学术研究。所以，我们依托陕西师范大学、西北大学、西安建筑科技大学等高校智库资源，深入挖掘优秀传统文化内涵，共建体验项目，通过各类活动扩大文化传播范围，提升大众文化自信心和自豪感。去年（编者注：2019 年）陕西师范大学哲学与政府管理学院在我们这里设立了大学生见习基地，学生分几个小组来调研交流，回到学校又有专门的导师指导，后来共完成七篇学术论文，从唐代家风到陕西红色家风，再到传统文化都有，这对于我们的家风馆建设很有帮助，同时又解决了学生们实习基地远、研究对象不稳定等困难，完全是一件互惠双赢的事情，以后我们在与高校共建这方面还会不断加强。

杜华伟：青少年劳动教育是教育中不可或缺的部分，请问在唐少阳文化研究院的活动中如何体现其价值？

童亮：劳动教育是中国特色社会主义教育制度的重要内容，直接决定社会主义建设者和接班人的劳动精神面貌、劳动价值取向和劳动技能水平。为了进一步做好劳动教育，今年（编者注：2020 年）3 月份，中共中央、国务院颁发了《关于全面加强新时代大中小学劳动教育的意见》；7 月份，教育部印发了《大中小学劳动教育指导纲要（试行）》。就在昨天（7 月 24 日），西安市青少年劳动实践教育研究会第一届会员代表大会暨成立大会正式召开，我们研究院杜院长有幸当选副会长。之前我们的研学活动中就已经充分关注了劳动教育，以后在这方面还会不断创新。

杜艳妮：以前大家对劳动教育有个认识误区，总觉得劳动教育实践就是去挖挖地、种种树、烤烤红薯，其实农耕活动只是其中一个版块。职业体验、文化体验都是劳动教育实践，文化体验又包括传统文化体验和现代高科技文化体验，我们的研学一直很注重传统文化体验。

我记得做第一场活动前，我专门到当地一个学校去请教班主任，“如果我来承办传统文化活动游，您最希望孩子体验什么？”听到我的问题，这位班主任特别开心，说：“终于有人来问我们想体验什么，而不是让我们直接跟着旅行社设计好的线路走。”当时面对的是小学一年级的孩子，直接讲二十四节气他们不一定理解，老师就特别希望给孩子做二十四节气体验。立春那天，孩子们和老师到这里来穿上唐代服装，语文老师带着孩子们边走边讲，讲“唐诗里的春天”，讲“立春”这个节气，讲立春时节的气候、饮食，后来又体验了茶道、画扇面等，让孩子们画他们看到的春天。孩子们画的樱桃特别有意思，特别漂亮。那个活动第二天就上了西安市政府工作平台，这说明劳动教育版块太需要创新了。秋分那天下着雨，孩子们来这里穿上雨鞋去踩水，看树叶掉落在地上，老师应景地讲什么是“生命”。但同时孩子们又捡了很多果子，大家开心地围在一起观察，老师又告诉他们什么是“希望”。同样是教育，这样的教育就更加形象、更加符合孩子的成长特点。如果是以前的游学，旅行社就会把所有活动集中在几天内做完，而现在有了劳动教育基地，就可以到哪个节气再来体验哪个节气的特点。

还有一个学校组织了一次“草地家长会”。开始有游戏环节、亲子互动、才艺展示等，最后所有孩子到馆里来体验传统文化。家长和老师们都围坐在草地上交流，这就打破了家长们坐在教室里，老师对着 PPT 讲的家长会模式，这就是一种创新，是一种新的体验与感知。现在有了明确的文件规定，有了具体的规范要求，以我们研究院这样的基地和研学机构为主导，通过政策把这些基地整合到一起，围绕传统文化和孩子的特点、需求来进行劳动教育，效果就会更加突出。

杜华伟：“大城小爱”是一个听起来很浪漫雅致的名字，我很好奇这个名字与我们的文化研究院和书院又是怎样的关系呢？

杜艳妮：“大城小爱”是我之前企业的名字，后来做研究院时是按这个名称签约的，算是不忘过去、立足当下、面向未来吧（笑）。“大城小爱”是合同上的主体，唐少阳文化研究院是实际运营的主体。虽然“大城小爱”这个名字似乎与人们印象中的书院不太贴合，但因为是合同主体，我们也同样挂了这个牌子，没想到还成了网红打卡点，很多游客都会在这里专门驻足拍照。在这里停留下来，他就有可能走

▪ 杜艳妮、童亮院长主持研究院活动

进研究院来参观，来感知和学习传统文化。

杜华伟：请问唐少阳书院的未来愿景是什么样的？

杜艳妮：我们做书院，第一就是“高山仰止”。像岳麓书院、篔筜书院等是我们的目标和“偶像”，我们得朝着那个方向努力。第二又要“脚踏实地”，想办法生存下来并不断发展，也就是说给自己一个准确的定位，目标太虚高，不利于生存，目标太功利，不利于发展。未来的唐少阳书院应该像我们的名誉院长王维生先生所描述的那样，大家能够尽下心来回到经典、回到传统，每天到这里来都有朗朗的读书声。每年做一次大型的文化活动，做的活动能得到各方的认可与支持。能够吸引更多高端人才到这里来传经送宝，使我们的书院成为市民读书修身的精神家园。大家都受益了，书院才能生存下来，被别人需要了，书院才是有价值的。我们现在先把基础打好了，将来再做减法，再升级成一家更静心、更纯粹的书院。

童亮：我们将来还会复建集贤书院。据史书记载，集贤书院的原址就在大明宫内。大家都知道，书院最早起源于唐开元年间的丽正书院。唐开元十三年（725），唐玄宗在集仙殿与群臣庆祝《封禅仪注》一书完成，君臣相谈甚欢之时，因集仙而思集贤，遂下诏将丽正书院改为集贤书院，意为“集贤纳士以济当世”。作为中国书院的摇篮，丽正书院、集贤书院在书院史和教育史上有着极其重要的地位，我们恢复集贤书院，就是要更好地传承古代书院“有教无类、德育为先、质疑辩难、知行合一、教学相长”的教育精神，更好地传承传播中华优秀传统文化。

杜华伟：谢谢杜院长和童院长接受访谈，祝愿唐少阳文化研究院（唐少阳书院）继续以家风建设筑牢根基，以文化传承服务社会，在中华优秀传统文化传播道路上取得更好成绩！

杜艳妮：谢谢！也希望在我们的共同努力下，让更多的人了解并热爱传统文化，在学习传统文化中观照内心，提升自我，一起建设和谐幸福的当代社会。

童亮：谢谢杜老师的祝福！希望我们以后多交流、多合作，从理论和实践两方面共同助力中华优秀传统文化传承与传播事业，也祝愿您的书院研究工作不断取得新进展！

结 语

唐少阳文化研究院以“传承国学文化精髓，弘扬中华优秀文化”为办院理念，依托西安悠久厚重的历史文化底蕴和丰富的社会文化资源，以社会主义核心价值观为引领，以传承创新中华优秀传统文化为宗旨，始终践行关学“为天地立心，为生民立命，为往圣继绝学，为万世开太平”的崇高精神，在新时代致力于中华优秀传统文化的传承、传播、创新与发展事业，祝愿它越来越好！

2020 年 7 月 25 日访谈记录

2020 年 8 月 10 日整理完稿

2020 年 8 月 13 日首发于凤凰网非常国学频道

访谈者杜华伟，哲学博士，兰州交通大学副教授，硕士生导师，中国书院学会理事，安溪凤山书院文化建设学术顾问，《中华优秀传统文化研究》编委，研究领域为书院文化与思想。

受访者杜艳妮，西安唐少阳文化研究院院长，陕西王子云书画艺术研究院少阳分院院长，西安市唐文化保护传承基金会发起人，西安市未央区第十一届政协委员。曾先后荣获“陕西省第五届杰出青年创业奖”“西安市十大杰出青年提名奖”“西安市青年突击手”“西安市三八红旗手""巾帼文明标兵”等多种荣誉。

受访者童亮，1977 年出生，陕西西安人，现任西安市唐少阳文化研究院副院长。1998 年参加工作，先后就职于快速消费品、房地产开发、基础设施建设和影视文化传媒等相关行业，从事管理类岗位工作。2019 年，怀揣着对中华传统文化的兴趣和热爱，加入西安市唐少阳文化研究院，投身优秀传统文化的传承和推广行列。

【一点题外话】

2019 年 11 月，在厦门筼筜书院参加第十一届海峡两岸国学论坛时，我和杜艳妮院长被分在同一分论坛，两人还相邻而坐。于是，两个杜姓女子乐呵呵地来了个合影。后来轮到她发言时，杜院长一股脑地将唐少阳文化研究院近两年的工作向大家作了详细汇报，最难能可贵的是一些“经营秘笈”也被她和盘托出。说实话，我当时挺惊讶也挺佩服的。

2020年，有幸参与中国青少年研究中心财政规划项目“立德树人视域下青少年传统文化教育实施路径与整合机制研究”（编号：20GH04），我负责的是“社会机构如何开展青少年传统文化教育”。当我确定具体案例时，首先就想到了以传统文化为特色的唐少阳文化研究院，于是试着联系杜院长，问是否可以将她的机构作为典型案例。不出所料，性格直爽的她一口答应，并说“传统文化教育是一件大事，是一件有意义的事，需要大家一起来推动，我的经验、我的教训不怕别人知道”。于是，我们即刻敲定了调研日期。

7月25日早上，下着雨，她特意和司机一起来酒店接我。去研究院的路上，我俩就孩子教育问题聊得不亦乐乎，因为那时两家娃娃刚刚中考结束，去哪上学是件大事情。一深度交流才发现，我俩完全是典型的佛系妈妈，这个共同点似乎又将两人间的距离拉得更近了。

到了研究院，杜院长和童院长热情地陪我参观并讲解，后来又专门坐下来进行正式访谈。讲起研究院的点点滴滴，杜院长如数家珍，她还抱歉地说本来请她的老同学童院长加入，是想一起做更多的事。没想到不久就遇上了疫情，好几个月童院长都是零收入。虽然当时会有点艰难，但看得出杜院长和童院长都是立志做传统文化教育的人，有这样的带领者，有那么优秀的团队，唐少阳文化研究院一定差不了。

写于2020年10月10日

14

疫情后的国际时局下，该如何谋划孩子的未来？

——访北京新黄麓学校国学部校长马一弘

前言

2020年是不平凡之年，是举国战“疫”之年。一场疫情让人们的生活发生了重大变化，同时也引发了人们对很多问题的深度思考，包括对国际化教育的思考。9月20日，笔者电话采访了北京新黄麓学校国学部的马一弘校长。在谈到疫情后的国际教育问题及未来人才标准时，马校长说：“国际化是一个人的才能问题。未来三十年，具备文化领导力的孩子——既有深厚的中华文化根基，又有国际资源管理能力的孩子，将会成为国之栋梁。所以，家长需要认真思考：疫情后的国际时局下，该如何谋划孩子的未来？”

杜华伟（以下简称杜）：马校长，您好！首先感谢您接受访谈。在传统文化领域深耕十多年，您的团队既扎根传统书院，又时时关注新时代社会环境变化。在古典与现代的结合方面，北京新黄麓学校已经取得了相当成绩，今天想请您谈谈后疫情时代孩子的国际化教育问题。

▪ 马一弘校长与北京大学楼宇烈教授交谈

马一弘（以下简称一弘）：谢谢杜老师的访谈。的确，2020年一场疫情让很多事情发生了变化，包括教育。面对这种变化，我们老师和家长都应该坐下来好好思考一下：疫情后的国际时局下，该如何谋划孩子的未来。

杜：最近新冠肺炎疫情在国外出现极大的反弹，很多做好出国留学计划的学生估计很难成行，很多国际学校也都面临考验，对于走国际化教育道路的学校，您有什么样的看法？

一弘：首先我们要知道国际生、国际学校和国际化的区别。中国学生到外国去读书，比如去德国读书，相对于德国来讲，中国学生就叫国际生，反之亦然，这只是一个学生的名分而已。国际化是一个人的才能问题，家长们到底只是想送孩子出国读书，还是想培养他的国际化才能，这是必须想清楚的问题。很多家长把国际学校理解为就是送孩子出国留学的学校，这种理解是不正确的。其实，中国的国际学校应该是接受外国学生的地方，是接受外国到中国来读书的国际生。

杜：关于国际化教育您是如何理解的？

一弘：从本质上来说，国际化教育是能力教育。全球国际化是对待生命的一种态度，更是一种格局。真正的全球国际化学校或国际化教育，是要培养具有高瞻远瞩的国际化视野、眼界和才能的学生的，它是能够以中华主体文化领导全球精英，能够以语言优势获取全球信息、资源和机会，具备国际情商与沟通力、对世界多元文化能够理解和包容的教育。

国际化教育，培养的是具有高贵生命气质的、具有远见卓识格局的、拥有海纳百川胸怀的人。他们具有本土的主体文化，同时又有对其他文化、宗教认知的能力；他们尊重别人、参与别人、欣赏别人，无论走到哪里都会受人尊重。这些都不是与金钱有关的，而是和一个人的素养、修养有关的。当然，我们也会让他们走出去，让他们的所学、所识得到更多的拓展和历练。留学不只是简单的出国学习，因为他们是国际生，是中国人在外国学习，他们会带着自己的本土文化出去。通过他们，让外国人可以全面认识中国、了解中国、仰望中国，因为中国是一个神秘而又有悠久历史文化的国度。国际化是双向对比的，全球化是文化的相互尊重，全球化是“道并行而不相悖，万物并育而不相害”的一种共识。

杜：您前面提到对待生命的一种态度，从教育层面上应该如何理解？

一弘：从根本上来说，每个生命个体最需要的是幸福和快乐。我们希望孩子幸福和快乐，这是对本真生命的关爱和尊重，而不仅仅因为他是我们的孩子。幸福不是拥有了什么，幸福是一种生活的态度，我们真正给予孩子的是幸福的能力。让他们有给予别人幸福的能力，也有让自己幸福的能力，还有享受幸福的能力。幸福不是人生没有问题和挫折，而是能够勇敢面对问题，具有分析问题、解决问题的办法和能力。

幸福以品质为保证。我们注重的是品质，不单单是优雅的风度。人的品质最重要的是善良、包容，还有内力，既能吃得了苦，也能享得了福。面对比自己条件好的人能坦然处之，面对条件不如自己的人能心怀善意，虽说不奢求宠辱不惊的境界，但起码要有一定的承受力，这样的生活才有幸福的保证。《论语·子罕》中说：“子曰：衣敝缊袍，与衣狐貉者立而不耻者，其由也与？”孔子说“穿着破旧的棉袍，与穿狐貉皮衣的人站在一起，而不感觉羞耻的人，大概只有仲由吧？”可见，孔子是非常欣赏子路的气节与态度的。所有的孩子，本心具足、内在圆满，他们有向生的欲望，他们有吸收阳光的能力。我们要做的就是让他们的本心存真，让他们的生命绽放！关爱生命、尊重生命是全球意识，是一个人核心能力的表现，孩子们在成长过程中应当受到关爱和尊重。

尊重生命的成长，就是让他们舒展、快乐地成长，而不是成为一个学习机器。小学阶段，有兴趣地、快乐地学习，就有了幸福的童年；初中阶段，天真而好问，努力探索自己未知的世界（包括女子二七，男子二八天癸至而被异性的美丽所吸引的青春期），为自己的成长而感到兴奋，这就是少年时代的幸福；长大成人了，人的高层次需求是受人尊重，而后是自我价值的实现，以及社会对自我价值的肯定，拥

▪ 马一弘校长与学生在新黄麓学校门口合影

有国家与政治意识，拥有获得经济基础的能力，拥有能让生命灿烂的文化修养，这是一辈子的幸福。

杜：我注意到您上面特意提到：“具有本土的主体文化，而后才能认识其他文化，认识其他宗教，然后才能尊重别人、参与别人、欣赏别人，同样才能受到他人尊重。”请问您为什么会这么说呢？

一弘：是的，每个民族都有自己的主体文化，国际化的沟通、交流、合作是相互尊重基础上的沟通、交流、合作。在这个过程中，如果没有自己的本土文化主体，没有自己的主体意识，就会沦为其他文化的附庸。一个附庸于人的人，是不会有大的发展与创新的，也就不会得到对方的尊重。主体文化在一个人身上体现出的是文化底蕴。底蕴是一种深厚的素养，底蕴是典雅，是君子、淑女的气质；底蕴是世家的风骨，是经过涵养的高贵生命；底蕴是家门里的孝子，是朋友圈的忠义；底蕴是立于俗而高于俗，富则兼济天下、穷则独善其身的士大夫精神。文化底蕴是认知的智慧，是上晓天文、下知地理的文化，它最根本的是价值观，是见利思义、见义勇为、舍生取义的人之根本。一个人具有文化底蕴，就具有了与他人沟通、交流的资本，有了谈笑有鸿儒，往来无白丁，调素琴、阅金经的圈子。未来的圈子铜臭已经隐匿，桌面上尽是高雅，你的气质才是你真正的通行证。

杜：望子成龙、望女成凤是每个家长的心愿，都希望自己的孩子是一个成功人士，请问您是如何看待成功的？

一弘：学校既要关注孩子们的当下成长，也要关注他们的未来发展，希望他们未来能够成功。所以，学校不是培养成功的，而是为孩子的未来成功、为他们的未来幸福打基础的。要让他们有独特的思考能力，不怕挫折、不怕困难，敢于从挫折、困境中学习做人，能够挺直腰板，堂堂正正地做人，犹如春秋时的子路：走，也要正冠而去。

未来不是考多少分的问题。智能化的到来，使知识学习变得更加容易，选择的渠道更加广阔。我们关注的是未来孩子们全球化的核心能力。《全球未来人才核心能力报告》显示：美国、英国、中国都各自制定了本国人才核心能力标准，各国或有差异，但以下三个核心能力是全球国家共同认同的。

其一，交流、沟通、合作能力。文化底蕴和口头表达、书面表达能力是与他人交流、沟通的基础。有深度才能交流，高度相当才能有效沟通。否则，不在同一个频道，不可能有高质量的交流。合作是一种认同，认同你的价值、认同你的人品、认同你的能力、认同你能把事情做好的期望。

其二，数学思维和逻辑推理能力。数学思维是事物之间价值转换的能力，逻辑推理能力是对事物发展与未来的预判能力和推理能力，是从一可知二、从二可知三的能力，是孔子说的“举一隅而知三隅”的能力。

其三，审辩式思维能力。审辩式思维能力是一种超越计算机能力的思维，是学识、思考、经验、情感和理性做出独立判断的能力，是博学之、审问之、慎思之、明辨之、笃行之（决策）的过程。审辩式思维不是单一的审辩对方，它包括认真地审辩自己的过程，包含着反求诸己的精神，是双向对比，具有阴阳辩证的思维在里面。

杜：目前大家都比较关注孩子上学期间的分数，您如何理解分数问题？

一弘：学习就要考试，考试就会有分数，但是切记：分数不是教育的最终目的。关注分数，不如培养学生的高效学习能力。分数考的不是学生，考的是学校、教师，是为了考核学校的教学方法，考核教师的教学能力。如果分数不理想，需要学校调整教学方法，教师提高教学能力。分数，我们是看重的，但分数不是教育的目的，分数高低不会影响我们的育人方向，只会修正我们的教学方法，让孩子取得更好的成绩。同时，学校是培养孩子能力的地方，要培养孩子具有学习知识、掌握知识以及运用知识的能力。

考试是一种技能，技能是通过训练加方法而获得的，但绝不是刷题，刷题只是一个数量的积累。训练是有任务的，任务是单位时间内要完成的，完成任务是需要能力的，任务是需要保证质量的。能力来自平时的训练，训练是培养吃苦精神的，训练是培养抗击挫败的逆商，训

▪ 马一弘校长主持“书院传统与未来发展”论坛

练是磨炼人的意志力。训练可以让孩子变得勇敢、变得刚强。通过训练，最终能够战胜自己、超越自己、认识自己，那时的你，就是世界上拥有幸福最多的人。

每一次测试，犹如一场比赛，比赛讲规则和计分。叮嘱孩子，比赛要讲礼貌、要遵守规则，不管输赢，都要打下去，输了也不能摔拍子、飙脏话，比赛结束时要有礼貌地和对方握手、道谢。《论语·八佾》中说：“君子无所争，必也射乎，揖让而升，下而饮，其争也君子。”当射箭比赛开始的时候，双方对立行礼表示礼让，然后开始比赛，比赛完了不论谁输谁赢，彼此对饮一杯酒。赢了的人说 “承让！”输了的人说“领教！”双方都是有礼貌的，即使在竞争，也始终保持君子的气度。

杜： 谢谢马校长关于国际化、关于国际教育的真知灼见，祝愿新黄麓学校越来越好！

一弘： 也谢谢杜老师的访谈。新黄麓学校是一个具有国际视野的教育机构。我们的愿景是：从小学到高中，培养出一个具有深厚文化底蕴的人，琴棋书画、诗书满腹、人格品质卓越而优秀，高中毕业时已经是一个有着深厚国学文化底蕴、有着现代化科学知识的有为少年。此时，为孩子谋求一所良好的国际大学，去开阔孩子的国际视野，带着本民族的文化，用中国文化中哲学的智慧去认知世界、认知世界文化、认知未来。

结 语

分数是对所学知识的一种评价，而做人和德行才是首要目标；现代科学知识要学习，而耕读、习礼与国学文化底蕴才是孩子们成人的根本；出国留学可以开阔国际视野、学习先进的科学知识，而带着本民族和本土文化的留学，才能真正认知世界、认清世界。疫情后的国际时局下，新黄麓学校和家长们一起科学谋划孩子的未来，一起为孩子的幸福人生而努力着……

2020 年 9 月 16 日访谈记录

2020 年 9 月 18 日整理完稿

2020 年 9 月 21 日首发于凤凰网非常国学频道

访谈者杜华伟，哲学博士，兰州交通大学副教授，硕士生导师，中国书院学会理事，安溪凤山书院文化建设学术顾问，《中华优秀传统文化研究》编委，研究领域为书院文化与思想。

受访者马一弘，北京新黄麓学校国学部校长，北京七宝阁书院山长，中国书院学会副会长，国际儒联文化教育普及委员会委员。

【一点题外话】

如果从 2017 年暑假参加七宝阁书院“书院传统与未来发展”论坛算起，认识马一弘校长已经三年时间了。除了两次参加“书院传统与未来发展”论坛时听马校长在开幕式、在会讲环节发表高见，在其他书院类会议上也多次听马校长谈国学、谈教育、谈书院、谈孩子、谈未来……2019 年 10 月份，在屈子书院举办的“第八届东亚书院国际学术研讨会暨 2019 年中国书院学会年会”期间，我曾就当代书院发展问题专门采访过马校长，他谈了自己 15 年来从事童蒙教育的历程与感想，多次提到当代书院教育一定是在继承基础上的创新，一定要适应未来社会对人才发展特质的需求。

2020年初，一场疫情带来太多改变，人们的生活方式、出行方式、学习方式都发生了改变。那么，疫情后的国际时局下，该如何谋划孩子的未来？这成为摆在很多为孩子做好出国计划的家长面前的重要问题。于是，我就此主题电话采访了马一弘校长，他依然从国际化视角切入，对国际教育、未来人才特质以及生命的特质等重要问题进行了深刻分析。无论是七宝阁书院还是新黄麓学校国学部，马校长始终关心着孩子的成长、成人与幸福……

写于2020年10月10日

▪ 新黄麓学校孩子们在校门口合影

15

专注学术研究，致力经典教育

——访同济大学人文学院教授、上海守中书院院长刘强

前 言

守中书院以“传承经典，涵养斯文，共学适道，守中达权”为教育宗旨，秉持“以大学师资反哺中小学”的办院理念，致力于传统文化的教育传播和普及推广。守中书院院长、同济大学人文学院教授刘强长期从事传统文化经典的现代阐释、传播及教育工作，在校内外开设中国文学史、《论语》导读、《世说新语》研究、儒家经典导读等多门课程，同时又致力于传统文化在中小学教育中的有序推进。2020年11月10日，在“第四届眉山东坡文化学术高峰论坛暨第六届全国书院高峰论坛”期间，笔者有幸采访了刘强教授，向他请教了传统文化教育的目的、路径，当代书院的性质、功能及师资培养等问题。

以下为访谈实录。

杜华伟（以下简称杜）：刘老师好！首先感谢您接受访谈。传统文化是中华民族的智慧结晶，是每个中国人都有责任和义务去学习、传承的精神财富。当代书院是弥补体制教育之不足，观照现代人之精

▪ 2020年，杜华伟女士访谈刘强教授

神需求的重要教育教化载体。您多年来致力于传统文化的教学研究、传播普及工作，您创办的守中书院为众多家长和孩子提供了系统学习传统文化的平台。今天想请您谈谈传统文化教育、《论语》学习推广及当代书院发展等问题。

刘强（以下简称刘）：说来惭愧，相比国内不少学者，我做的实在很不够，能得到您的关注，我很意外，也很感谢。守中书院主要依托高校学术资源，与中小学及社区街道合作，以线上线下的经典讲习和亲子教育为主要模式，尝试在传统文化普及方面做一些力所能及的工作。目前做的工作主要有三块：一是线上读书会，主要以论语讲师群的“论语精讲”和“周末杏坛”为中心；二是线下的少儿教育，一方面是与中小学合作，推动经典“三进”（进校园、进课堂、进课表）计划，一方面是在社区办亲子学堂，推动亲子共读经典，为创建书香社区和书香家庭提供助力，三是国学师资的培养，主要是与教育系统合作，利用双休日和假期开办经典师资培训班，邀请国内名家学者为一线中小学语文教师亲自授课，弥补目前体制内学校师资在传统文化教育教学方面的缺口和短板。虽然说一切都还在路上，困难不小，但也算形成了一些模式，积累了一些经验。

杜：中国书院高峰论坛目前已经走到了第六届，请您介绍一下该论坛的基本情况。

刘：中国书院高峰论坛最早是由我和上海的几位师友共同发起的。创办这一民间论坛的初衷，就是要打破当下文化学术生态的两个壁垒：一是文、史、哲之间的学术壁垒，二是学界和民间大众之间的阶层壁垒，以更好传承“讲学和教化并重”的书院传统，密切书院研究与书院实践之间的良性互动。

论坛的基本情况是这样的：第一届在2015年由上海国学会和九州书院共同举办，主题为“21世纪中国书院发展模式研讨会暨中国民间书院首届高峰论坛”，同时成立了全国书院联合会，希望民间书院能依托联合会形成合力，更好地整合师资、课程和场地等资源，为推进当代书院发展及传统文化教育做些实事。第二届于2016年在武汉经心书院举办，主题为“中华国学传统与当代书院建设研讨会暨第二届全国书院高峰论坛”，与会的四十多家书院联合发表了《东湖宣言》，呼吁民间书院端正理念，通过经典教育讲明义理，以不断提升公民的文化素养，进而培养其家国情怀和责任担当。第三届于2017年在福建尤溪举办，主题为“朱子与中国书院文化研讨会暨第三届全国书院高峰论坛”。第四届于2018年在山东曲阜孔子研究院举办，主题为“孔孟之道与中华民族精神暨第四届全国书院高峰论坛”。第五届于2019年在贵阳孔学堂举办，主题为“阳明学与书院文化学术研讨会暨第五届全国书院高峰论坛”。今年（编者注：2020年）是第六届，这次在东坡故里四川眉山举办，有着特别的意义，本次主题为“第四届眉山东坡文化学术高峰论坛暨第六届全国书院高峰论坛”。

大家可以看到，论坛已渐渐形成自己的特色，即每年聚焦一位古圣先贤，提炼一个地域文化与书院文化相结合的重要学术论题，汇聚全国书院同道切磋琢磨，凝聚共识，将学术研究与教育实践融为一体，致力于推动当代书院的规范运行和健康发展。明年也就是2021年下半年，第七届全国书院高峰论坛将由北京海淀敬德书院承办。

杜：作为一个大学老师，您是怎么想到要办书院的？守中书院的三大教育模块具体是怎样落实的？

刘：这个说来话长。早在2006年，我就与鲍鹏山老师开始做中小学生传统文化经典教育。我们认为，“经典”是语文教育最好的学习内容，语文学习首先要激发学生的学习兴趣，让孩子们体会到语文是美好的、语文学习是快乐的，而不是程序化地一遍遍刷题、分析段落大意、总结中心思想。

2014年5月，我受聘为河南大春文武学校名誉校长，受聘仪式上便开启了传统文化经典三进计划：进学校、进课堂、进课表。“进课表”这一点很重要，经典学习要看得见效果，就一定要保证正常开课。很多学校可能会搞一些课外活动，但没有将经典学习纳入正式课表。“进课表”就是要进入教学计划，真正开设传统文化课程，是与语文、数学、英语并列的课程。大春学校已经将经典学习制度化，每个班每周至少会上一堂《论语》课，2014年至今一直在坚持。至于后续效果如何，还有其他很多影响因素，但在力所能及的范围内，我想我们会一直坚持下去。

2015年8月，我创办了同济英才亲子公益国学堂（算是守中学堂的前身），以儒家经典“四书”尤其是《论语》为中心，为同济大学在职教师及其子女提供公益的亲子教育。截至目前，已有数百位亲子受益，学习型家庭也日益形成。守中学堂主要有两种运行模式。一种是进学校模式，直接由学堂派老师进入学校授课，对方学校会有一门课叫“国学课”，也是进课表的，比如同济小学、二联小学，还有铁岭中学等都有实验，现在还在继续做。国学课内容会根据孩子的年龄来设置，一年级学习《三字经》《千字文》，二年级开始学《论语》，二、三、四年级把《论语》学完。与指派老师直接下班授课并行不悖，我们还开设针对学校教师的“守中讲堂”，不定期地开办讲座，请资深的大学教授为一线教师进行培训。我个人也会接受一些大学的师资“国培班”的邀请去授课。这种培训有短期的（比如一个星期），也

▪ 同济大学“《论语》导读”上课现场

有长期的，比如最早信阳的培训班连续六个月，每个周末会有一位著名学者现场授课。还有线上的培训，比如《论语》讲师群的“周末杏坛”就是，还有在同济大学开设的“《论语》导读”课，今年受疫情影响也实现了线上线下同步直播。

另外一种是亲子共学模式，也可叫作经典亲子共读十年计划。我们采取“1+2+N”的学制，即初级班《论语》1年＋中级班《孟子》《大学》《中庸》2年＋高级班传统文化经典N年(《周易》《诗经》《老子》《庄子》等)。当然，在此学习过程中也会有学员变动，有些学员因为种种原因未能坚持完成整个学制，也有中途新加入直接跟学的学员。以前是线下教学，孩子和家长周末一起来学堂上课，今年采取了线上模式，上海之外的地区也有了参与者，这就进一步扩大了亲子学习的覆盖面（注：笔者与孩子本学期也加入了守中学堂仁平班《大学》《中庸》的线上学习）。针对目前基础教育与大学教育脱节的现实状况，我们希望以高校师资“反哺”中小学的课外教育实践，弥补学校传统文化教育不足之遗憾。

杜：请问守中学堂为什么一定强调要坚持亲子共学？

刘：目前，民间私塾和学堂良莠不齐，且主要以孩子作为教育对象，几乎无一例外地将家长置于教学体系之外。其实，家长更需要补传统文化经典这门课，只让孩子学而家长不参与，其实无法形成良好的互动。“养不教，父之过”，学校教育中的优秀学生一定是良好家庭教育的受益者，父母对孩子的影响远远胜过学校的老师！亲子共学模式可以说是培养孩子持之以恒品质和尊师重道人格的最佳“道场”。所以，我们始终强调亲子共学，希望家长为孩子树立榜样，和孩子在互相陪伴中共同学习经典。这时，孩子和家长之间除了亲子关系，还是同学关系、共读关系，他们的共同语言就会更多，交流就会更顺畅。当然，我们的亲子共学不只是停留在课堂讲授，也很注重整个教学环节的完整性与系统性，平时有班主任负责学员的诵读打卡、作业批改事宜。每节课前授课老师会抽查背诵、复习提问，每次课后都有300字左右的小作文练习，作文主题就是本次所学课程内容中的一句经典，下次上课时老师还会一一点评每个学员的习作。我们希望以大学师资来反哺中小学生的课外教育，以亲子共学推动家长和孩子的共同成长。

杜：*您曾经说：“培养一万名学生，不如培养一万名老师，他们能够去影响和带动更多的人。”请问这是您创立《论语》讲师群的初衷吗？*

刘：一切都是因缘和合。您知道，目前的学术界，分科细密，壁垒森严。就人文学科而言，文、史、哲本来是“你中有我，我中有你”的，现在却分割成三块，各做各的，甚至“老死不相往来”。我是学古代文学的，但对哲学和历史也很有兴趣，所以总觉得不能满足，无法做到学术上的“安分守己”，总想串串门，到人家的园子里窥探一番。开始于2006年的经典教学实践为我打开了另一扇门，使我能够实现真正的“教学相长”。以前读书，功利心重，常常不能切己，也就是孔子所谓的“为人之学”。教了《论语》后，与家长、孩子们一起涵泳体会，为学生答疑的同时也在为自己解惑，如此循序渐进，终于欲罢不能。2008年我在同济大学开设《论语》导读、儒家经典导读等公选课程，算是开启了我个人的儒学研习之路。本来我的学术专长是魏晋文学尤其是“世说学”研究，现在因为特殊的缘分又开始了“论语学”的研究，《世说新语》和《论语》导读是每年必开的课程，我常戏称这是我的“双语教学”。（笑）

2009年，明伦书院北京学堂邀请我去授课，到了2012年时我就提出了这样的想法：师资是限制目前传统文化教育发展的一大瓶颈，应该尽量多培养一些真正爱经典、懂经典的师资。最早的师资培训是在明伦书院开启的，其间也多次在全国几个分院做过讲学。2014、2015、2016年，广州明伦书院都做过师资培训。当时的程序是很严格的，培训结束后参加者需要现场给孩子们讲课，经导师组综合评定，达到标准者才能获得结业证书，当然在这个过程中也有被淘汰的。师资是传统文化教育的源头，是基本保障，所以一定要严格、专业，只有热情是远远不够的。

2016年初，我受崔茂新老师邀请到“论语汇”微信群做过一星期的导读老师，通过语音形式在群内讲授《论语》。其实那时候我才刚刚开始用微信，觉得这种语音分享形式挺好，就想自己也建个群与大家共学。于是，2016年2月20日我创建了《论语》讲师群，同时也开通了微课实况推送公众号“《论语》大家读”，得到了全国各地数十位专家学者的大力支持。刚开始没有什么准入资格，所以有些群友是我邀请的，也有一些是由先进群的学友邀请进来的，主要就是想做钱穆先生所说的两件事：一是自己读《论语》，一是劝人读《论语》。目前，“《论语》大家读”公众号的关注人数将近三万，也真是不容易。

杜：感谢刘老师邀我入群学习！目前，该群已经真正是“一座难求”了（笑），我看常年维持在499—500人，退出去一位才能进来一位，大家都很珍惜群内学习的机会。不好意思，请您继续介绍讲师群的情况。

刘：2016年《论语》讲师群建立后，每周二、四、六晚，导师们轮值在线为群友讲解《论语》，每次讲一章，风雨无阻、从未间断。这一过程，吸引了不少民间国学机构创办人、一线语文教师和传统文

▪ 刘强教授在守中学堂仁平班开班仪式上致辞

化爱好者的关注，产生了广泛的影响。除总群外，我们后来还创建了浙江义乌、宁波，河南信阳、洛阳，上海奉贤等多个分群。那时候讲课主要用文字，是为了主群讲课的同时，方便志愿者转发到各分群。这样一来，一场讲座往往会有数千人同时在线学习。

自2016年2月20日建群到2019年6月20日结课，整整三年四个月，讲师群共授课501讲，完成了整本《论语》的系统学习。在此过程中，共有60多位导师、20多位主持人和30多位志愿者参与。所以，能完成如此系统、长期的学习，是所有导师与志愿者共同努力的结果，也是500位国学爱好者群友共同坚持的结果。6月20日结课当天，我们举行了“《论语》大联欢”活动，轮值导师、主持人、志愿者及广大群友，以语音、文字和视频等多种形式表达了三年共学的感悟和收获。而且，当天微课的内容刚好是尧曰篇“不知命无以为君子”章，因此又增设了“七嘴八舌说君子”环节，大家分享了自己对“君子”的理解，讨论非常热烈。

杜：请您介绍一下《论语》讲师群的“周末杏坛”活动。

刘：《论语》整本书讲完后，500位群友无一人退群，大家都强烈表示希望可以继续共学。于是，我们再次请各位导师助力，开启了“《论语》讲师群·周末杏坛”活动，由我担任第一讲主讲导师，由于当时刚在青海师大做过《人禽之辨：儒家文化的人学意义》讲座，于是我以音频方式将讲座内容分享至讲师群，讲完后鲍鹏山教授进行了点评。后来就形成了固定模式：每次周末杏坛由一位主持人全程主持，一位导师主讲，一位导师点评，点评结束后即进入自由提问交流环节。担任讲师的学者都是进行纯公益讲座，不收取任何费用，当然我们对群友也是完全公益开放的。大家如此支持我，可能更多是因为觉得我的发心还是纯真的，不是为我个人谋私利，就是想有个平台方便大家交流互动吧。我想请其他导师多讲，我就做一个最忠实、从不缺席的守护者，找不到合适的点评导师时我就亲自来担任。所以，我是周末杏坛活动中“出镜率”最高的点评导师了。（笑）

每次活动前我们都通过公众号和微信群发布预告，方便大家提前做功课；活动结束后会有志愿者整理上传文字、音频资料，方便大家反复查阅学习。到目前为止，周末杏坛已经进行了41讲。之前因为疫情中断了几个月，现在又慢慢恢复起来，但目前要每个星期都讲确实有困难。好在本学期我每周三的《论语》导读课是在线开放的，大家可以自由进群听讲，多少弥补了一些遗憾。周末杏坛以后基本上可以保证每月一次，也是想通过这样长期共学培养更多的传统文化师资。

杜：今年9月28日《论语》讲师群的云祭孔活动别具一格，请问您为什么想到组织此类活动？

刘：其实也都是想到哪里做到哪里。作为传统文化的修习者与践行者，我们很注重通过一些仪式来展示传统文化的魅力，表达我们对于经典和先贤的敬重。本群共进行过四次大型云纪念活动：第一次是2018年春节做的《论语》讲师群两周年云典礼活动；第二次是2018年10月杨汝清老师不幸离世时，大家在群内发起了怀念杨老师的活动，包括转发杨老师的讲课音视频；第三次是2019年6月《论语》结课时的"七嘴八舌说君子"环节；这次9月28日祭孔是第四次大规模的云活动。当时因为群内课程还没有完全恢复，管理员（也是我的学生）沈颖越提出能不能做一次云祭孔活动，我认为方案可行便同意了。于是，她积极联合几位志愿者共同策划、设计、安排整个流程，对接相关朗读导师，制作发布活动公告……

这个群是一个层次、素养高，也很和谐可爱的群，大家都已经形成习惯，很支持这样的活动，平时"潜水"的人也愿意参与发言。所以，云祭孔活动也很成功。当天，从早上9:28到晚上9:28，众多师友积极参与诵读分享，《论语》二十篇均有涉及。有用普通话读的、有用方言读的，也有用吟诵调展示的，还有部分师友分享了"祭孔"诗词、读《论语》心得等。守中学堂的小朋友也发来了诵读音频，他们是整个活动中年龄最小的，但热情和水平毫不逊色，可以说整个云祭孔活动丰富多彩又井然有序。

杜：您有一本著作叫《论语新识》，我想"新"应该是本书的特色吧。请问这里的"新"主要体现在哪些方面？

▪ 2019 年，刘强教授在兰州市图书馆给杜华伟女士签名赠书

刘：《论语新识》是我多年研习《论语》的收获，2016年由岳麓书社出版，每章从“新注、新译、新识”三个角度来解读，当然重点在“新识”部分。我在自述中已经交代了本书的写作初衷：“在融汇古今众多《论语》注疏、诠解及研究之基础上，瞻前顾后，远绍旁搜，疏通窒碍，溯源引流，并试图有所发明，翻出新意。”这里的“新”是我自己在阅读过程中的一些新体会，当然是建立在温故基础上的“新”，而不是漫无目的地发挥，最后变成曲解甚至是歪理邪说。这个“新”一定是在坚持正学的基础上有所阐释和突破，不是时尚的、世俗的为新而新。在讲到某个主题或范畴时，我会将《论语》中不同的篇章跟与它有关的内容结合起来，这样就有了一个链接效果，一是跟古代的阐释系统链接，一是把《论语》中有联系的经文、概念、不同说法做一些链接。当然，这里面也包括我自己研读经典的一些生命感悟。

除《论语新识》外，由我注译、由深圳的李华伟老师吟诵的《〈论语〉吟诵版》也由岳麓书社于2017出版。用手机扫一扫每章的二维码，就可听到用饱满的普通话朗读和用悠扬的古法吟唱的《论语》，再配合文字注释与翻译，比较适合青少年学习。今年底，岳麓书社还会推出《〈论语〉（名家演播版）》，既有我的讲解视频，又有著名播音员的全文朗诵，算是一个“融媒体”（可读、可听、可视）的《论语》读本。

杜：您是一位兼顾专业学术研究与大众文化普及的学者，请问您如何处理二者之间的关系？

刘：其实都是随缘做事。我本人才疏学浅，能力有限，但天生是个“劳碌命”，又不愿按部就班，总想做些喜欢的事儿。坐冷板凳的学问我喜欢，做文化普及、基础教育我也喜欢。因为喜欢才去做，做的好不好是能力问题，做不做是态度问题。我做得不算好，但总算做过了，而且还在做，还想做，这就够了。而且，因为做了一些事，结交了很多学界的前辈和同侪，发现志同道合的人还是很多的，大家也都想做点儿事。

就是在这样那样的缘分中，有些事也就做起来了，而且也希望能持续做下去。除了全国书院论坛，我还发起召集了“世说学”的国际学术研讨会，今年10月在同济大学举办了第三届，明年将在洛阳师院举办第四届。此外，还有两岸学者《论语》会讲，最初也是由我和米鸿宾发起的，2016年在辽宁本溪举办了第一届，共有9位学者参与会讲，还出版了论文集。第二届是2019年在北戴河与第七届北戴河国学论坛一起举办的。明年也就是2021年，我们会在曲阜师大举办第三届两岸学者《论语》会讲。这个论坛主要采用古代书院会讲的形式，对《论语》及儒学相关议题进行专题讨论，一般会组织二百人以上的听众现场参学。为什么？就是觉得好的东西应该与更多人分享。这和学术界的有些研讨会，大家各有专攻，往往自读自文，自说自话，完全是不一样的感受。

面对普通市民的讲学，只要缘分来了，人家邀请，我也愿意去做。而且一般我都会问“有多少人听？哪些人听？”因为即使是同一主题，面对不同受众，也需要做适当调整。治学和讲学不是一回事儿，怎样把学术研究所得转化为适合普通大众接受的东西，其中是有一个“转译”工作要做的，古代的学者在书院讲学，听众不一定都是读书人，你讲的东西要让贩夫走卒都能听明白，谈何容易！

“讲学”和“传道”也不一样。有人以为“道”比“学”更高深，我的观点恰恰相反。“学”有专攻，专深的学问有时太曲高和寡，大家不一定都愿意听，也不一定都听得懂。但“道”是接地气的，跟每个人都有关系，“道”其实就是路，“道在伦常日用间”，这就是《中庸》为什么会说“道不远人，人之为道而远人，不可以为道也”。不瞒您说，我一直有一个不切实际的梦想，就是希望我们的孩子在15岁之前，都能把《论语》学一遍，至少通读一遍。其实《论语》不到一万六千字，真的全部读完一遍，两个小时足矣。可是有多少人，终其一生都没有抽出两个小时，把《论语》整个读一遍。我知道这个“小目标”肯定不可能实现，但“对的事，做就对了”，很多事情就是知其不可而为之，只要我们一直努力在做就好。

杜：您的“《论语》导读”课已经连续开设了十多年，请问有什么样的授课感悟？

刘：这门课是从 2008 年开始在同济大学开设的，最初是每学期必开，针对同济本校学生，近几年则主要在秋季开班，并向校内外朋友开放，经常会有一些同济的老师和社会人士来现场听课。今年受疫情影响，校外朋友无法进入校园，所以 9 月份的课就改为线上线下同步进行。这样不仅上海的校外朋友可以参学，甚至全国各地的朋友都能同步跟听。与此同时，守中学堂的线下课程也改为线上网课，相对于传统教学模式，这种打破时空界限的学习模式优势明显（注：本学期每周三晚，笔者也通过腾讯会议 APP 参与《论语》导读线上学习）。当然线上线下同时进行也有一定的弊端，比如我线下上课一般会站着讲，而且还有板书，更加从容自如一些，现场气氛也会更好。现在为了录制方便只能坐着讲，会有一些限制。

刚才提到，“道”是更基础、更根本的，每个人都要学道、悟道、行道。我的《论语》导读课就是从为学之道、修身之道、孝悌之道、忠恕之道、齐家之道等方面展开的。我连续三年给同济大学的新入职老师讲课，不断强调我们当老师不是匠人，不能只教专业，不能只做经师或业师，还要能做人师，能够把专业的“技”或者“术”或者“知”或者“器”跟“道”结合在一起。现在我们的教育很功利、很专业，而且呈现出技能化，甚至职业化趋势，最后带来的结果就是离“道”越来越远，“只知有学，不知有道”。有的老师做项目很厉害，执行力也很强，但有时候对人文价值、社会问题却漠不关心。这不能不说是一大遗憾。

《论语》导读这门课已经开了十多年，但每次讲我都会有更新，因为自己不断有新的研究、新的思考。比如，近两年我在《名作欣赏》杂志开设的“四书通讲”专栏其实就是把长期以来的讲学内容再做一个学术梳理，包括逻辑梳理、文字梳理。目前《四书通讲》已经交稿，所以在今年的《论语》导读课中我就加入了这些最新研究成果。尽管备课工作量增加很多，但能和大家一起交流心得，探讨新的观点，还是非常开心的。更何况，有的听众是老面孔，面对他们，我自然不能“老生常谈”。

我有一位叫张艳森的学生算是个特例，已经是第五次来听《论语》

导读了，虽然现在有线上教学，但她还是坚持每次来现场听，说是常听常新。其实这种学习完全与收入、职称等无关，已经是“为己之学”了。顺便说一句，艳森本是同济环境工程专业的博士，已工作多年，今年竟然在职考入同济大学创意写作的硕士班，成了我的正式学生。博士考硕士，这也算是绝无仅有的吧。关键是，一个听了五次的学生在下面坐着，给我的压力其实也很大。（笑）

杜：谢谢刘老师接受访谈，谢谢您多年来专注于传统经典教育的研究与实践，希望守中书院与《论语》讲师群继续助力传统文化教育，使更多人加入到读《论语》、悟《论语》、践行《论语》的队伍中来。

刘：您过奖了。我个人的力量有限，做的工作其实也微不足道，之所以在很困难的时候还能坚持下来，主要不是基于知识论上的获得和满足，而是觉得像《论语》这样的经典，真可以说是“中国人的《圣经》”，读比不读好，早读比晚读好。读了有所变化，比“未读时是此等人，读了后又只是此等人”要好。当然，读了后还能学以致用，有所践行，又比仅仅停留在写论文、出专著要好些。办书院其实就是基

▪ 刘强教授参加同济小学守中学堂揭牌仪式

于这样的一种认知。至于未来怎样，我基本上不会多想，还是走一步看一步吧！谢谢您。借此机会，我要向所有提携、帮助、扶持过我的师友，表示衷心的感谢！

结 语

在整理文稿的过程中，我联系到张艳森博士，请她谈谈为什么会执著地在现场听刘强老师讲五遍《论语》导读。很快，她发来下面这段文字："2012 年我在同济读博，在一个文学院的讲座上第一次遇到刘老师，当时刘老师做主持人，文质彬彬、出口成章，让我印象非常深刻。后来得知刘老师开有公选课《论语》导读，我就开始旁听。此后的几年，一直到今年 2020 年，刘老师开《论语》课的时候，我每次都必到。我读的是理工科，刚开始听《论语》就觉得蛮震撼的，以前接触过一点，但是逐字逐句成系统地学还是第一次。感觉自己的思想维度瞬间被拓展，看待世界的眼光也不一样了，知道自己如何去努力成为一个更好的人，知道自己应该努力的方向，也知道努力的途径了。跟着刘老师学《论语》的时间越长，方向就越明确，途径也越清晰。理工科教我如何去完成一个项目，去做好一件事，但是《论语》教我如何成为更好的自己，让自己过得更加幸福且踏实。能遇到刘老师是我的福报，我以后也会一直听下去……"这是《论语》学习人的最真实感受，正如张艳森博士所说，《论语》课常听常新，每次都能带给自己更大的收获。

刘强教授曾在 2015 年首届中国书院高峰论坛开幕致辞中说："书院梦是学术梦，贯通文史哲；书院梦是文化梦，出入儒释道；书院梦是教育梦，关系你我他；书院梦是民族梦，承载家国天下！"多年来他一边进行传统文化教学科研，一边进行传统文化普及传播，不但培养了一批可以从事经典教学的一线教师，也带动了一大批国学爱好者参与经典学习。希望守中书院能一如既往地投入经典教育，也希望《论语》讲师群能将"周末杏坛"继续办下去。

2020 年 11 月 10 日访谈记录

2020年12月24日整理完稿

2021年1月4日首发于凤凰网非常国学频

访谈者杜华伟，哲学博士，兰州交通大学副教授，硕士生导师，中国书院学会理事，福建安溪凤山书院文化建设学术顾问，《中华优秀传统文化研究》编委，研究方向为书院文化与思想。

受访者刘强，字守中，别号有竹居主人。复旦大学文学博士，现为同济大学人文学院教授、诗学研究中心主任、同济人文通识教育中心主任，博士生导师。诗学研究集刊《原诗》主编，央视“百家讲坛”主讲嘉宾。兼任台湾东华大学等多所大学客座教授、守中书院山长、明伦书院名誉山长、河南大春文武学校名誉校长。主要研究方向为魏晋南北朝文学与文化、先秦诸子经典、古典诗学、笔记小说等。近年来致力于传统文化经典的现代阐释与传播，已出版《世说新语会评》《曾胡治兵语录译注》《有刺的书囊》《竹林七贤》《惊艳台湾》《世说学引论》《有竹居新评世说新语》《魏晋风流十讲》《清世说新语校注》《论语新识》《古诗写意》《世说三昧》《世说新语研究史论》《世说新语资料汇编》等著作二十余种。

【一点题外话】

2017年我加入“中国传统文化教育发展报告2018”团队，在搜集相关资料时就注意到刘强教授创办的《论语》讲师群，看到网上关于此群的描述，顿时心生羡慕，深感群内师友太幸福，有那么多导师轮值系统讲解《论语》。2018年，偶然的机会与刘强教授成为微友，2019年6月初刘老师邀请我加入《论语》讲师群。虽然距整本《论语》结课只剩半个月时间，但我依然很开心，参加了最后几次的微课学习及结课大联欢活动，此后的“周末杏坛”活动也都在认真听讲学习，虽然大多数情况下我只是一个“潜水者”。

2019年7月，刘强教授来兰州市图书馆“金城课堂”做题为“孔子的智慧”的讲座，我带上女儿、带上刘老师的《论语新识》前去听讲，这是我们第一次正式见面。刘老师的讲座既有理论深度又接地气，现场气氛很活跃。后有听众请刘老师现场背诵《论语》，他丝毫没觉得这个要求有点刁钻，反而倒豆子般地开始背诵。因为要赶飞机，所以讲座结束后他匆匆给我签名并赠送了一本《斯文在兹：两届中国书院高峰论坛论文集》后就离开了。本学期刘老师在同济大学开设的《论语》导读课线上线下同时进行，我则每周三晚雷打不动地参与线上学习，这对于我在思政课教学过程中进一步融入《论语》的帮助很大。

访谈刘强教授的想法由来已久，只是一直没有合适的机会。其实，2018 年和 2019 年的中国书院高峰论坛刘老师都曾邀请我参加，只因为自己的教学任务无法调整而错失了参会机会。2020 年，刘老师早早给我发送了“第四届眉山东坡文化学术高峰论坛暨第六届全国书院高峰论坛”的征稿函，并嘱咐我认真准备论文。这时，我便想借机完成访谈，几次向他表达此意后，都被他以“我做得还不够好”为由婉拒。当我在从双流机场赴眉山的车上再次发送信息给他时，他依然只是说“我在眉山欢迎您，采访就不必了”。但是，当面向一位心怀教育、治学严谨、笔耕不辍的传统文化教育引领者与示范者请益是多么难得的机会。最终在笔者的真诚请求下，刘强教授同意谈一谈自己多年来的工作历程与感悟。此次交谈让我对传统文化教育的意义、途径及愿景又有了新的认识。

文稿形成后交刘老师审阅时，他再次谦虚地说自己做得并不特别突出，如此报道总感觉受之有愧。当我表达希望他的探索与坚持之路能够为同道借鉴，而且我自己打算将访谈系列结集出版时，他又觉得不好打乱我的研究计划，最终同意刊发访谈稿。当然，他非常仔细认真地对稿子进行了修改，在 2020 年 12 月 31 日晚上最终完成。我俩都笑称在一年结束时完成此篇文稿，两个“强迫症患者”终于可以踏实地过节了。本计划 2020 年最后一天修订完成，2021 年第一天将文稿正式发出，很有仪式感和纪念意义，但恰逢长期合作的凤凰网编辑元旦休息，只好到正式上班后才推出。本次访谈与写稿虽然经历了一些小小的波折，但最终的结果是令人开心的。

写于 2021 年 1 月 16 日

后记

《养德经邦：当代书院学人访谈录》即将出版，回望三年来走过的调研访谈路，有苦有甜、有得有失、有成有败。但这个过程，却真的是学习路上不可多得的财富。

今天出版社发来封面设计初稿，经过一番纠结后确定了印有话筒的一款，因为感觉话筒挺契合“访谈”这一主题。随意跟兰州凤鸣书院严荣华院长分享此消息，没想到她当即决定预购400本作为书院三周年庆的伴手礼。我很真诚地说著作出版后会送她几本，但作为书院周年庆礼物似乎有点高调。她也真诚地回复我：“书以载道，载的这个‘道’需要传播。您为书院做了这么多，我们理应让更多人了解书院。”于是，我愉快地接受了她的想法，也真诚地感谢她的支持！

此刻坐在电脑前，拉拉杂杂写下这篇“后记”，既是对此前工作的回顾与总结，也是对自己继续做好书院人的鼓励与鞭策。其实，本书缘起于偶然。2017年11月25日在厦门筼筜书院“第九届海峡两岸国学论坛”上偶遇格格和王萌，邀我加入“中国传统文化教育发展报告2018”项目，负责“当代书院传统文化教育”部分。2018年1月30日，第一次项目讨论会在北京21世纪教育研究院举行，我初步确定了一批调研机构，也计划调研与访谈同步进行（当然，访谈本身也属于调研）。2018年5月28日，通过国家图书馆向辉先生介绍，我访谈了第一位山长——山东省尼山书院秘书长李西宁先生。此后，我或借参加学术会议之便访谈，或专程赴书院调研访谈。2020年11月10日，“第四届眉山东坡文化学术高峰论坛暨第六届全国书院高峰论坛”期间，我访谈了第十四位山长——同济大学人文学院教授、上海守中书院院长刘强先生。至此，共完成15篇访谈稿，其中13篇在凤凰网国学频道首发，一篇在“墨香学术”公众号首发，一篇在“书院研究”公众号首发。我最初做访谈只是为了顺利完成项目，不曾想慢慢形成了系列，也有了十几万字的文稿，于是便萌生了结集出版的想法。

可以说，每一座当代书院的创立都有一段特别的故事，每一位山长都是故事的主角。每每与那些有情怀、有魄力、有智慧的山长交谈，听他们讲传统文化复兴的价值与意义、书院建设路上的辛苦与坚守、当代书院的发展现状与未来愿景……我便愈加感受到发展书院教育的重要性、感受到当代书院人的使命与担当。将一位位书院山长与书院研究者的奋斗历程记录下来，将一座座当代书院的创立与发展过程展示出来，是为了让更多人了解并受益于书院教育、学习并积极传播优秀传统文化。

借本书出版之际，我要向中国人民大学韩星教授表示真挚的感谢。曾在眉山东坡书院会议上与韩老师就当代书院问题有过简短的交流，也曾在《论语》讲师群里聆听过韩老师《〈论语〉中容易歧义、误解的几章辨析》的讲座。短短一个半小时的讲座，韩老师做了非常充分的准备，一边进行语音讲解，一边发上相关文献资料供大家参考，最后的互动交流环节，又热心回答了很多群友的提问，由此可见韩老师对于学术的敬畏与热爱。同时，韩老师也积极投身于书院教育，他创办的中和书院的宗旨和目标是“秉持儒家中道，以民间性、独立性、学术性为基本特征，以重建道统、接续文脉、彰显儒家精神、复兴传统文化为基本使命，以培养当代儒者为基本任务”。虽与韩老师交往不多，但他却在百忙之中为我的小书作序，并且指出了当代书院存在的诸多问题及自己的想法，这对我以后的书院研究颇有帮助，再次表示感谢！

感谢凤凰网国学频道敬业的普庆玲女士，每次访谈稿发给她，她总是第一时间处理。我们常常为了一张配图、一个用词探讨很久，有时边打语音电话边修改，甚至忙到凌晨，直到内容推送为止。如此较真，只为内容更准确专业、排版更雅致大方，工作也使我们成了无话不谈的好朋友。同为书院人，做好书院事是我们的共同目标，愿我们一起努力前进！感谢天津问津书院的王振良先生，参照他的风格，我为每篇访谈稿加了“一点题外话”，使其更有生活气息，也更能还原当时的真实情况。感谢香港中文大学的陈炜舜老师，在访谈文稿的撰写方面，陈老师给了很多中肯的建议，尤其本书书名的确定，最终有赖于陈老师的帮助，使其与我的另一本专著《涵养德性：中国古代书院教育研究》互相关联、互相映衬。感谢我的妹妹金芳萍女士，她承担了不少资料搜集及文字校对工作，为最终成书提供了很大帮助。

最后，还要感谢天津社会科学院出版社的韩鹏先生，他在本书编辑、修改、出版的过程中提供了不少帮助，不管是周末休息还是在外出差，我所咨询的问题他都第一时间回复，使问题最终得以顺利解决。感谢学术会议上对我的发言给出点评和建议的专家学者，感谢在我的书院研究道路上给予帮助与支持的诸多师友，使我有信心有目标沿着这条路继续走下去。还要感谢家人、同事与闺蜜的关心、支持与鼓励。

需要说明的一点是，本书在出版时依照网络发布顺序来安排文稿先后。除了为每篇访谈增加“一点题外话”，文稿保持了网络发布时的原貌，所以相关数据可能会与书院目前的实际情况稍有差异。

当代书院数量众多、形态各异，虽然调研时尽量考虑地域、机制、规模、年限等因素，但仍然无法做到全面呈现当代书院的发展样态。终点即是起点，在这本访谈录的基础上，我还将继续当好书院人、做好书院事，将书院研究继续下去……

杜华伟

记于2021年4月6日